AF291017

ISIA
M E D I A

ВЛАДИМИР ПИМОНОВ

HOMO SCRIBENS,
или
Гамлет-драматург

Книга о театре Шекспира

2024

Владимир Пимонов
Homo scribens, или Гамлет-драматург. Книга о театре Шекспира

Книга посвящена поэтике театральности в творчестве Шекспира. Разбираются методы композиции пьес, построение драматического действия, числовая символика, метафоры и предвестия. В шекспировском мире персонажи все время сочиняют, ставят и разыгрывают друг перед другом актерские этюды и мини-спектакли. Конфликт между действующими лицами оборачивается столкновением их драматургических замыслов.
В фокусе внимания – трагедия «Гамлет». Главный герой – принц датский – неожиданно предстает перед нами не только как сын, мстящий за убийство отца, но и как Homo scribens – драматург, пишущий тексты, предназначенные для сценического воплощения.

Bibliografische Information der Deutschen Nationalbibliothek:
Die Deutsche Nationalbibliothek verzeichnet diese Publikation in der Deutschen Nationalbibliografie; detaillierte bibliografische Daten
sind im Internet über http://dnb.dnb.de abrufbar.

ISIA Media Verlag, Leipzig 2024

Дизайн обложки и верстка: ORDEN COMPANY LTD, Praha/Inna Barabash
При оформлении обложки использовано фото Shutterstock/delcarmat
Шрифт Aphrosine Regular/MyFonts.com

Printed in Germany

ISBN 978-3-910741-63-8

Содержание

Глава I

Поэтика театральности

Настоящая работа посвящена проблемам поэтики театральности в творчестве Шекспира. Термин «поэтика» традиционно отождествляется с теорией словесности, а «театральность» связывают с такими понятиями, как сценичность, зрелищность, игра. Театральность противопоставляют поэтике так же, как театр — литературе.

Поэтику определяют не только в узком смысле как раздел теории литературы, изучающий «превращение речи в поэтическое произведение и систему приемов, благодаря которым эти превращения совершаются»[1], но и в более широком смысле — как дисциплину, исследующую «не только речевые, но и другие структурные моменты текста»[2]. В данной работе поэтика понимается в этом втором, более широком смысле «как наука о строении литературных произведений и системе эстетических средств, в них используемых»[3], что позволяет отнести ее не только к теории литературы, поэтике, но и к общей эстетике творчества[4]. Этот подход близок к концепции М. Бахтина: «Поэтика, определяемая систематически, должна быть эстетикой словесного художественного творчества»[5]. Необходимость изучения не только речевых, но и других структурных элементов

___

[1] Якобсон Р. Работы по поэтике. — М., 1987. — С. 81.

[2] Манн Ю. Поэтика Гоголя. — М., 1988. — С. 3.

[3] Иванов Вяч.Вс. Краткая литературная энциклопедия (КЛЭ). — М., 1978. — Т. 5. — С. 936.

[4] Борев Ю. Эстетика. — М., 1988. — С. 255—262.

[5] Бахтин М.М. Вопросы литературы и эстетики. — М., 1979. — С. 10.

текста при анализе драмы вообще, и шекспировской в частности, обусловлена спецификой театра как феномена культуры и особенностями текста драматического произведения: «Для театра характерно семиотическое многоязычие, это гораздо более сложный объект, чем чисто литературный текст, <...> театр коммуникативен. Он состоит из ряда взаимосвязанных коммуникативных процессов: режиссер—актер, режиссер—художник, актер—зритель и т.д. Все участники театральной коммуникации (режиссер, актер, зритель) более активны, чем в случае литературной коммуникации»[6]. Однако поскольку все средства выражения в литературе в конечном счете сводятся к языку[7], театральность в этой работе рассматривается не с точки зрения «противопоставления театра и литературы»[8], а как фундаментальный эстетический принцип построения драматического текста, то есть как понятие поэтики. В основе театральности лежит интертекстуальная игра, построенная на взаимодействии и противопоставлении в пространстве произведения художественных плоскостей разных уровней: вербального и невербального, реального и условного, подлинного и воображаемого.

Примером игры на противопоставлении реального—условного в драматическом тексте служит «включение в текст участка, закодированного тем же самым, но удвоенным кодом, что и все остальное пространство произведения. Это будут картина в картине, театр в театре, фильм в фильме или роман в романе. Двойная закодированность определенных участков текста, отождествляемая с художественной условностью, приводит к тому, что основное пространство текста воспринимается как "реальное". Так, например, в "Гамлете" перед нами —

---

[6] Почепцов Г.Г. Русская семиотика. — М.: Рефл-бук: Ваклер, 2001. — С. 69.

[7] Гаспаров М.Л. Лит. энц. словарь (ЛЭС). — М., 1987. — С. 295—296.

[8] Пави П. Театральность // Пави П. Словарь театра. — М., 2003. — С. 407.

не только "текст в тексте", но и "Гамлет" в "Гамлете": пьеса, разыгрываемая по инициативе Гамлета, повторяет в подчеркнуто условной манере (сначала пантомима, затем подчеркнутая условность рифмованных монологов, перебиваемых прозаическими репликами зрителей: Гамлета, короля, королевы, Офелии) пьесу, сочиненную Шекспиром. Условность первой подчеркивает реальность второй. Чтобы акцентировать это чувство у зрителей, Шекспир вводит в текст метатекстовые элементы: перед нами на сцене осуществляется режиссура пьесы. Как бы предвосхищая "8 1/2" Феллини, Гамлет перед публикой дает актерам указания, как им надо играть. Шекспир показывает на сцене не только сцену, но, что еще важнее, репетицию сцены»[9].

Инстинкт преображения

До сих пор не выработано единого и общепринятого определения термина театральность[10]. Слово «театральность» обычно используют для обозначения совокупности внешних проявлений, присущих театральному искусству или игровой деятельности вообще. Известные определения феномена театральности лежат вне круга понятий поэтики.

К.С. Станиславский понимал под театральностью «сценический штамп», скрывающий низкий профессионализм или «стремление театра перенести значительную часть смысловой нагрузки в зрелищную форму»[11]. Актер и режиссер С.М. Ми-

---

[9] Лотман Ю.М. Текст в тексте // Лотман Ю.М. Статьи по семиотике искусства. — СПб., 2002. — С. 72.

[10] Олимпиева Е.В. Театр как явление культуры Серебряного века: автореф. дис. ... канд. филол. наук. — Екатеринбург, 1999. — С. 16.

[11] Там же. — С. 16.

хоэлс писал: «Слово "театральность" <...> принадлежит к категории театральных терминов <...>. Что такое театральность? Это условность сценического языка как любого языка искусства, как любого поэтического языка вообще, ибо язык сам по себе тоже условен <...>. А если под театральностью понимать помпезное, ходульное, напыщенное, напудренное обнажение целого ряда приемов (что весьма часто делают в театрах), то нам остается только отмежеваться от всего этого»[12]. Понятие театральности связывают также с условностью сценического языка и воображением: «Театральность состоит в том, что чернокожий человек может играть роль Генриха IV или белый человек может играть Отелло, или женщина может играть Гамлета. <...> Театральность не имеет пределов; это — свобода воображения»[13].

Выдающийся теоретик театра начала XX века, драматург и режиссер Н.Н. Евреинов видел в театральности присущий человеку *инстинкт преображения*: «Наряду с инстинктом самосохранения, половым и прочими, в нас живет столь же могучий инстинкт театральности. <...> В истории культуры театральность является абсолютно самодовлеющим началом»[14].

Театральность как «инстинкт преображения» связана с разыгрыванием какой-нибудь роли, чтобы «как бы на момент превратиться в совершенно иных лиц», то есть «стать другим и делать другое»[15]. Сходную мысль высказывает американский театровед: «Театральность подразумевает актера, который сознательно или откровенно, искусственно или под воздействием аффекта,

---

[12] Михоэлс С.М. Театральность и идейный замысел // Театр. — 1941. — № 4.

[13] Bethune R. Theatricality // Art Times Journal. — London, 2002.

[14] Евреинов Н.Н. Демон театральности. — М.; СПб., 2003. — С. 44, 59.

[15] Там же. — С. 44.

приобретает другую тождественность или роль в определенной ситуации»[16].

Понятие театральности до сих пор не обрело терминологической строгости в силу своей двойственности. С одной стороны, оно связано с идеей игры как инстинкта (Евреинов), имеющего биологическую основу (Хейзинга), а с другой — понимается как специфический язык театрального искусства. Театральность и метафора «мир — театр» стали «всеобъемлющим принципом поэтики в искусстве Ренессанса и барокко, унаследовав от античности космизм, а от Средневековья — смысловую антиномичность, где карнавальная избыточность игровой свободы соседствовала с ощущением иллюзорности бытия»[17]. По словам французского теоретика театра Патриса Пави, «эта эстетика появляется в XVI веке <...> и связана с барочным восприятием мира как сцены, где "все мужчины и женщины — всего лишь актеры" (Шекспир), а "жизнь есть сон" (Кальдерон). Бог — драматург, постановщик и главный исполнитель. От теологической метафоры театр в театре переходит к высшей игровой форме, когда театральная постановка намеренно представляет самое себя из склонности к иронии или к сгущенной иллюзии. Последняя достигает кульминации в театральных формах повседневной жизни: здесь уже нельзя отличить жизнь от искусства»[18]. Наиболее яркое воплощение метафора «мир — театр» нашла в европейской драматургии XVII века, когда возникла великая мировая сцена: «Благодаря череде имен от Шекспира до Кальдерона и Расина драма главенствовала во всей поэтике столетия.

---

[16] Hannaford R. Self-Presentation in Carew's "To A.L. Perswasions to Love" // Studies in English Literature 1500—1900. — 1986. — Vol. 26. No. 1. — C. 97—106.

[17] Прозорова Н.И. Понятие театральности и драматургия Шекспира // Тезисы к докладу на науч. конф. в КГУ. — Калуга: Изд-во КГУ, 2003. — С. 2.

[18] Pavis P. The State of Current Theatre Reseach. — Universite de Paris VIII // Applied Semiotics, As/Sa. — 1997. — No. 3. — P. 125—140.

Каждый поэт, в свою очередь, сравнивал мир с театром, где всякий играет свою роль»[19].

В поэтике Ренессанса и барокко театр играет роль универсального мирового языка. Отсюда в последующие эпохи возникли такие устойчивые словосочетания, как «анатомический театр», «театр военных действий», «политический театр». Однако лишь в XVIII веке театральность становится предметом теоретического осмысления как «троп, прием создания драматических событий особого рода, <...> включающий в себя, с одной стороны, напряженность игровых ситуаций: конфликты, конфронтации, а с другой стороны, феерическую игру тел, звуков, цветов, пространств, образующих театральное представление. Эта игра легла в основу определения театральности как “плотности знаков”, ставшего знаменитым благодаря Ролану Барту»[20].

Под театральностью нередко понимают особую, свойственную Шекспиру ритмическую организацию пьесы с помощью приема «театр в театре»[21]. Термин «метатеатр» как эквивалент «театра в театре», «метафикации», то есть возможности «преодоления реальности» путем выхода на метапозицию по отношению как к собственному поведению, так и по отношению к любой «языковой игре вообще»[22], вошел в научный обиход после выхода книги Лайонела Абеля «Метатеатр»[23]. Метатеатром

---

[19] Хейзинга Й. Homo Ludens. — М., 1991. — С. 14.

[20] Balme C. Metaphor of Spectacle: Theatricality, Perception and Performance of Encounters in the Pacific / Institut fur Theaterwissenschaft. — Univ. Mainz, 2003. — P. 2—3.

[21] Sanford W.P. Theatre as Metaphor in “Hamlet”. — London, 1967; Wilds L. Shakepseare’s Character-Dramatists // Elizabethan and Renaissance Studies. — Salzburg: Univ. Salzburg, Inst. für engl. Literatur, 1974. — Vol. 46.

[22] Осипов В. Знакотканное поведение и знакотканная реальность // Сетевой журнал «XYZ». — 1998.

[23] Abel L. Metatheatre. A New Vision of Dramatic Form. — New York, 1963.

автор называет театр, обращенный к самому себе и размыкающий границы между искусством и жизнью. По его словам, «пьесы <...> представляют жизнь в театрализованном качестве, <...> герои осознают свою театральность еще до того как их заметил драматург»[24].

Прием «театра в театре» перекликается с конструкцией «текст в тексте», когда в оригинальный авторский текст вводится чужой текст, текст другого автора. По определению Ю.М. Лотмана «текст в тексте» представляет собой «особое риторическое построение, в котором различие в закодированности разных частей текста делается выявленным фактором авторского построения и читательского восприятия текста <...>. Такое построение прежде всего обостряет момент игры в тексте: с позиции другого способа кодирования текст приобретает черты повышенной условности, подчеркивается его игровой характер: иронический, пародийный, театрализованный смысл»[25]. Сходную мысль высказывает другой представитель Тартуско-московской семиотической школы: «Текст, представленный какой-то своей частью в другом тексте, становится тем самым описывающим текстом, метатекстом»[26]. Р. Барт же отмечает, что «текст представляет собой не линейную цепочку слов, выражающих единственный, как бы теологический смысл ("сообщение" Автора-Бога), но многомерное пространство, где сочетаются и спорят друг с другом различные виды письма, ни один из которых не является исходным; текст создан из цитат, отсылающих к тысячам культурных источников»[27].

---

[24] Ibid. — P. 59—60.

[25] Лотман Ю.М. Текст в тексте // Труды по знаковым системам. — Тарту, 1981. — Вып. XIV. — С. 13.

[26] Тороп П.Х. Проблема интертекста // Труды по знаковым системам. — Тарту, 1981. — Вып. XIV. — С. 39.

[27] Барт Р. Указ. соч. — С. 388—389 (цит. по: Осипов В. Указ. соч. — С. 4).

В семиотическом смысле «выражением *текста в тексте* в театре служит прием *театра в театре*, то есть вид спектакля, сюжетом которого является представление театральной пьесы. Так, внешняя публика смотрит пьесу, внутри которой публика, смотрящая на актеров, также присутствует на представлении. <...> Одним из эффектов *текстов в тексте* наряду с театрализацией *рамки* является театрализация зрителя, который становится героем произведения. Актеры, играющие зрителей, и зрители становятся неразличимы, преодолевая грань *актер—зритель*»[28].

Особенность поэтики театральности Шекспира состоит не в традиционном использовании приема «театра в театре», присущем драматическому искусству вообще, а в уникальном художественном решении каждой отдельной сцены, построенной по принципу «спектакль внутри спектакля» или «пьеса в пьесе». Шекспир воплощает прием «театра в театре» на разных уровнях текста — как на действенном, так и на метафорическом. В каждой сцене у него — свой «театр в театре», свое понимание роли, автора, режиссера, актера и зрителя.

Метатеатральность в драматургии Шекспира не сводится к простому представлению вставной театральной пьесы внутри основного действия. Не только те пьесы Шекспира, в которых персонажи разыгрывают «спектакли внутри спектакля» в явном виде (например, «Гамлет», «Сон в летнюю ночь», «Укрощение строптивой»), но все его произведения построены на метатеатральном приеме. Примером могут служить постоянные инсценировки и розыгрыши по ходу действия: «Яго инсценирует пьесу об измене, превращая Отелло в зрителя, не подозревающего о том, что перед ним разыгрывается пьеса, невольным главным действующим лицом которой оказывается он сам. Самоубийство Отелло представлено в форме театраль-

---

[28] Осипов В. Указ. соч. — С. 5.

ного наставления режиссера актеру: *Oth.* I took by the throat the circumcised dog, / And smote him thus (Stabs himself (V.2)). — Отелло. За горло взял обрезанца-собаку / И заколол. Вот так. (Закалывается.)»[29].

Прием «театра в театре» в пьесах Шекспира постоянно удваивается, повторяется. Так, в комедии «Укрощение строптивой» зрители в зале не только смотрят основную пьесу о Лорде, но и смотрят за Лордом, который смотрит за медником Слайем, который одновременно смотрит пьесу о молодом человеке, который смотрит за стариком и его двумя дочерьми[30]. В «Гамлете» зрители, пришедшие в театр, смотрят трагедию Шекспира «Гамлет», в которой Гамлет и Горацио смотрят пьесу Гамлета «Мышеловка», в которой Клавдий, Гертруда, Полоний и Офелия смотрят старую итальянскую пьесу «Убийство Гонзаго». В комедии «Сон в летнюю ночь» зрители смотрят за пьесой, которую ставит Оберон, который смотрит за Тесеем и Ипполитой, которые смотрят пьесу ремесленников «Пирам и Фисба».

В литературоведческих работах театральность связывают с такими понятиями, как игра, драматизм, зрелищность: «Категория "театральности" <...> включает в себя выраженный игровой компонент, визуальность, зрелищность, драматизм, экспрессивность и сценичность»[31]. Между тем театральность, как категория поэтики, не сводится исключительно к игровому компоненту, так как игра, будучи инстинктивной деятельностью, лежит вне области эстетики, в то время как театральность есть эстетический феномен культуры.

---

[29] Злобина А. Законы правды // Новый мир. — 1998. — № 10.

[30] Scragg L. Discovering Shakespeare's Meaning. An Introduction to the Study of Shakespeare's dramatic structures. — London, 1994. — P. 89.

[31] Пахсарьян Н.Т. Поэтика театральности в «Театре Клары Газуль» П. Мериме (цит. по присланной автором рукописи (2004)).

Гамлет играет не только роль принца, отведенную ему в списке действующих лиц, но и выступает в разных метаролях, таких как: автор-драматург, режиссер, актер, зритель, мнимый сумасшедший, философ, юродивый. И для каждой из этих ролей он в качестве *автора-драматурга* создает оригинальные *тексты для актеров,* которые они должны будут выучить и исполнить. Театральность подразумевает не только разыгрывание актером роли, но, что весьма важно, и *письменную деятельность* персонажа как *сочинителя текстов, автора-драматурга.* Герои Шекспира *сочиняют тексты,* соревнуясь между собой в драматургическом мастерстве.

В процессе воплощения действующими лицами пьесы своих драматических замыслов в форме «спектаклей внутри спектакля» между ними складываются метатеатральные отношения «драматург — режиссер», «режиссер — актер» и «актер — зритель». Один и тот же персонаж попеременно играет то роль актера, то режиссера, то зрителя, то оказывается автором-драматургом[32].

Драматизм и зрелищность как проявления театральности возникают в тот момент, когда персонаж задумывает сценический розыгрыш, выступая не в своей изначальной роли, а в *роли другого.* Для этого он меняет маску, переодевается (например, мужчина в женщину, а женщина — в мужчину), притворяется мертвым. Так, Гамлет начинает свою первую театральную инсценировку, когда он надевает маску сумасшедшего.

В пьесах Шекспира эстетический эффект театральности как трагедийный, так и комедийный возникает тогда, когда ничего не подозревающий персонаж становится участником театрального розыгрыша, принимая его за событие реальной жизни. А потом неожиданно обнаруживает, что он играет роль

---

[32] Пимонов В., Славутин Е. Загадка Гамлета. — М., 2001. — С. 23—24; см. также: Pimonov V. Shakespeare's Theatricality. — Corseg; Copenhagen 2004.

марионетки в «чужом» спектакле, сочиненном и поставленном драматургом-соперником. События, действия и слова, которые персонаж воспринимал как подлинные, оказываются театральной инсценировкой, и наоборот — то, что казалось игрой, оборачивается эпизодом реальной жизни. В результате инсценировки и розыгрыша жизнь воспринимается как театр, а театр — как жизнь.

В литературном произведении, и в драме в частности, происходит переплетение и взаимодействие реальностей разного порядка: «Драматическое произведение позволяет создать несколько художественных реальностей на основе игры человеком определенной роли»[33]. Чудесное появление Призрака создает художественную реальность иного порядка, в которой возможно то, что невозможно в реальной жизни. Призрак знает о том, что Клавдий тайно убил своего брата, и призывает Гамлета отомстить за злодейское убийство. Событие, которое не может произойти в действительности, становится возможным в театральной реальности. Призрак «с того света» мстит своему убийце с помощью Гамлета, который выступает в роли символического двойника своего отца.

Общая схема сюжета мести в мировой литературе состоит в том, что тот, кто убивает, сам впоследствии оказывается жертвой. Так построена история о Дон Жуане, в которой статуя убитого им командора мстит убийце за совершенное преступление. Ответное убийство, то есть месть, осуществляет посмертная статуя убитого. В роли мстителя выступает символический двойник убитого — оживающая статуя. На том же принципе основана история мести в романе Оскара Уайльда «Портрет Дориана Грея». Изображение на портрете живет и старится, зеркально отражая пороки и преступления главного героя. Сам

---

[33] Парфенов А. Театральность «Гамлета» // Шекспировские чтения-1978. — М.: Наука, 1981. — С. 42.

же Дориан волшебным образом сохраняет свою красоту и молодость. Опасаясь разоблачения, он убивает автора портрета. Месть за убийство художника осуществляет его символический двойник, в роли которого выступает портрет, написанный убитым. В тот момент, когда Дориан пытается уничтожить свой портрет, портрет неожиданно убивает самого Дориана. *Месть убитого своему убийце* — действие *невозможное в реальной жизни,* становится возможным в ином, театральном пространстве, возникающем благодаря удвоению реальности в художественном произведении.

Текст и метатекст

В критической литературе распространено мнение, что театральность пьес Шекспира может быть понята лишь в связи с условиями сценического представления: «Шекспир <...> писатель драматический, чьи произведения предназначались для исполнения на сцене. <...> Шекспир писал пьесы для сценического исполнения, а не для чтения»[34]. Между тем по крайней мере двенадцать пьес Шекспира, изданных в 1590-е годы, предназначались для чтения[35]. В первом собрании всех 36 пьес Шекспира, так называемом Первом фолио, изданном в 1623 году, друзья драматурга Джон Хеминг и Генри Кондел, обращаясь в предисловии «К самому широкому кругу читателей» (To the Great Variety of Readers), призывают их «читать» его «и критиковать» (read and censure — Folio 1)[36]. Хью Холланд в своем посвящении назвал Шекспира «знаменитым сценическим поэтом» (famous scenicke poet). А первая страница Фолио содержит

---

[34] Аникст А.А. Шекспир. Ремесло драматурга. — М., 1974. — С. 6.

[35] Roth S. Hamlet. The Undiscovered Country. — New York, 2001. — P. 2.

[36] Folio 1, facsimile. — P. 8.

стихотворное обращение Бена Джонсона «To the Reader» — «К читателю», явного свидетельства того, что изданные пьесы Шекспира предназначались и для чтения, а не только для исполнения их на сцене.

На элементы того явления, которое мы обозначаем термином театральность — в частности речь идет о скрытом внедрении сценической ремарки в основной текст, — обратил внимание еще классик шекспироведения Довер Уилсон: «Шекспир мог рассчитывать на зрителей, способных воспринять любую предложенную им тонкость и вооруженных, как Гамлет, табличками, дабы записывать то, что они не могли сразу запомнить»[37]. Критик говорит о популярных в Елизаветинскую эпоху карманных записных книжках, которые назывались «табличками» (pocket tables). После встречи с Призраком Гамлет *записывает* (set it down) текст в «таблички памяти» (tables of my memory). Слово «таблички» (tables) выполняет роль сценической ремарки внутри самого текста, указывая на определенное действие персонажа, в данном случае на извлечение записной книжки из кармана.

Пьесы Шекспира представляют собой уникальный симбиоз текста и метатекста. Метатекстовые элементы, такие как сценическая ремарка, описание реквизита, костюма, освещения или постановочной техники как бы вживлены, инкорпорированы в текст самой пьесы. Метатекст становится органической частью основного текста, а основной текст не существует без метатекста. Драматические произведения Шекспира создают знаковое пространство, в котором невербальные средства общения (жесты, мимика, движения, позы) оказываются не только поэтическими, но и театральными. На важность восприятия слова и действия в драматическом тексте в их неразрывности обращали внимание критики: «Вербальные и

---

[37] Wilson D. What Happens in Hamlet. — London, 1934. — P. 58.

мимико-жестикуляционные средства выразительности являются одинаково важными знаками, и их нужно рассматривать с точки зрения взаимозависимости»[38].

В отличие от семиотического определения театральности как «театр минус текст»[39], в данной работе театральность понимается как *имманентное свойство структуры текста* драматического произведения. Речь идет о *текстуальной театральности*, которая не противопоставляется словесному тексту (литературе), а является его неотъемлемым структурным элементом. Феномен текстуальной театральности в пьесах Шекспира проявляется, в частности, в том, что невербальные средства общения, такие, как жест, поза, движение, бессловесное действие, *обретают словесное выражение* в высказываниях персонажей в основном тексте. На пластическое, бессловесное действие одного персонажа всегда следует словесная реакция в форме рассказа, реплики или комментария другого персонажа[40].

Содержание *немой* сцены, которую Гамлет разыгрывает перед Офелией, выражено в ее *словесном* рассказе Полонию: «Он взял меня за кисть и крепко сжал»; о бессловесной реакции Клавдия на «Мышеловку» мы тоже узнаем из реплики Офелии: «Король встает!» (The king rises! III.2.259), которая, по существу, представляет собой *сценическую ремарку* (метатекст) внутри основного драматического текста.

---

[38] Ahrends G. Word and Action in Shakespeare's Hamlet // Word and Action in Drama: Studies in Honour of Hans-Jürgen Diller on the Occasion of His 60th Birthday / Ed. G. Ahrends, S. Kohl, J. Kornelius, G. Stratmann. — Trier, Germany, 1994. — P. 93.

[39] Барт Р. Избранные работы. Семиотика. Поэтика / пер. с фр., сост., общ. ред. и вступ. ст. Г. Косикова. — М., 1994. — С. 616.

[40] Автор высказал эту идею в докладе на театральном семинаре И.Г. Рутберга в ЦДРИ в 1980 г. см.: Рутберг И.Г. Пантомима. Движение и образ. — М., 1981. — С. 35—36.

Костюм актера — это наиболее знаменательный невербальный элемент театрального языка, «одно из главных постановочных средств»[41]. Между тем и актерский костюм — часть *реквизита* у Шекспира превращается в *словесную* метафору. Клавдий обращается к Гамлету, одетому в черное: «Ты все еще окутан прежней тучей?» (*King.* How is it that the clouds still hang on you? I.2.66). Словесное описание костюма становится у Шекспира описанием невербального, бессловесного действия — пантомимы, например, в сцене, в которой Офелия рассказывает Полонию о встрече с якобы безумным Гамлетом:

Oph. My lord, as I was sewing in my closet, / Lord Hamlet, with his doublet all unbrac'd; / No hat upon his head; his stockings foul'd, / Ungarter'd, and down-gyved to his ancle; / Pale as his shirt; his knees knocking each other; / And with a look so piteous in purport (II.1.87—94).

Офелия. Когда я шила, сидя у себя, / Принц Гамлет — в незастегнутом камзоле, / Без шляпы, в неподвязанных чулках, / Испачканных, спадающих до пяток, / Стуча коленями, бледней сорочки / И с видом до того плачевным, словно / Он был из ада выпущен на волю.

В комедии «Как вам это понравится» костюм персонажа (невербальный элемент) становится вербальным знаком, когда облачение в шутовской наряд позволяет *говорить* правду:

Jaq. Invest me in my motley; give me leave / To speak my mind (II.7).

Жак. Оденьте в пестрый плащ меня! — Позвольте
Всю правду говорить.

---

41 Чернова А. Все краски мира, кроме желтой. — М., 1987. — С. 40.

В пьесе «Два веронца» сценический костюм становится универсальным средством для осуществления всех сюжетных и ролевых трансформаций, инструментом удвоения и раздвоения художественной реальности[42]. Джулия в костюме пажа говорит Сильвии о «настоящей» Джулии:

Jul. About my stature; for, at Pentecost, / When all our pageants of delight were play'd, / Our youth got me to play the woman's part, / And I was trimm'd in Madam Julia's gown, / Which served me as fit, by all men's judgments, / As if the garment had been made for me (IV.4).

Джулия. Недавно, в Духов день, / Различные мы пьесы представляли. / Как мальчик — был на женских я ролях / И взял наряды у синьоры Джулии. / И все нашли, что так на мне они сидят, / Как будто для меня по мерке сшиты.

Все женские роли в шекспировском театре играли мальчики. Получается, что мальчик играет Джулию, которая играет мальчика (пажа), который в пьесе играет роль Джулии в костюмах Джулии. Здесь мы имеем дело с удвоением приема «театр в театре».

Предводитель королевского войска Макбет в одноименной трагедии Шекспира, согласно предсказанию, не потерпит поражения, пока «Бирнамский лес не пойдет на Дунсинанский холм»: «Macbeth will never be defeated until Birnam Wood marches to fight you at Dunsinane Hill» (IV.1). В переводе А. Радловой: «Не раньше может быть Макбет сражен, / Чем двинется на Дунсинанский склон / Бирнамский лес». Макбет уверен, что этого «никогда не произойдет»: «Нет, так вовек не будет! / Кто

---

[42] Лотман Ю.М. Статьи по семиотике искусства. — СПб., 2002. — С. 388.

завербует лес? И кто те люди. / Что корни вырвут?» (пер. А. Радловой). В оригинале: «That will never happen. Who can command the forest and make the trees pull their roots out of the earth?» (IV.1). Действительно, разве может лесной массив, состоящий из деревьев, сдвинуться с места и «пойти» на войну? В реальной жизни — не может, а в театре — может. Принц Малькольм, возглавляющий поход против Макбета, приказывает своим солдатам срубить по ветке и нести ее перед собой в качестве прикрытия с целью обмануть противника — скрыть от него подлинную численность войска.

Siw. What **wood** is this before us? / *Men.* The **wood** of Birnam. / *Mal.* Let every soldier hew him down a **bough** / And bear't before him: thereby shall we shadow / The numbers of our host, and make discovery / Err in report of us (V.4.7—9).

Сивард. А что вон там за **лес**? / *Ментис.* Бирнамский **лес**. / *Малькольм.* Пусть воины **ветвей** с дерев нарубят / И над собой несут, чтоб тень листвы / Скрывала нашу численность и с толку / Разведчиков сбивала (пер. Ю. Корнеева).

Макбет получает весть о том, что «**Бирнамский лес идет на Дунсинан**» (пер. Ю. Лифшица), после чего на первый взгляд неправдоподобное предсказание, как и положено в художественном произведении, сбывается: Макбет терпит поражение и гибнет. «Бирнамский лес» воплощен на сцене с помощью *предмета театрального реквизита,* который обозначен словами «лес» (wood) и «ветка» (bough). В свою очередь, предмет реквизита «ветки», которые изображают символический элемент *костюма* солдат, становится метафорой, которая актуализируется в сообщении о том, что «Бирнамский пошел на Дунсинан», то есть солдаты идут под прикрытием веток.

Подобный же механизм актуализации метафоры мы находим в комедии «Сон в летнюю ночь», в которой группа афинских ремесленников, выступающих в роли актеров-любителей, выбирает в лесу место для репетиции пьесы о несчастной любви Фисбы и Пирама.

Пигва. А вот и замечательно подходящее местечко для нашей репетиции. Вот эта зеленая лужайка будет нашей сценой, эти кусты боярышника — уборной, и мы можем представить все в точности как перед самим герцогом (пер. Т. Щепкиной-Куперник).

Quin. Pat, pat; and here's a marvellous convenient place for our rehearsal. This green plot shall be our stage, this hawthorn-brake our tiring-house; and we will do it in action as we will do it before the duke (III.1.4).

«Зеленая лужайка» (green plot) с помощью театральной условности становится «сценой» (stage), а предмет *реквизита* — «кусты боярышника» (hawthorn-brake) — символической «гримеркой» (tiring-house), где актеры-ремесленники переодеваются в ходе представления.

Освещение (свет) относится к главным технологическим (невербальным) средствам выразительности в театре. В комедии «Сон в летнюю ночь» свет «разыгрывается» на сцене путем трансформации вербальной метафоры (лунный свет) в реквизит сцены (фонарь), с помощью которого персонаж играет роль лунного света.

Пигва. А то можно еще так: кто-нибудь должен войти с кустом и с фонарем и объяснить, что он фигурирует, то есть изображает лунный свет (пер. Т. Щепкиной-Куперник).

Quin. Ay; or else one must come in with a bush of thorns and a lantern, and say he comes to disfigure, or to present, the person of Moonshine (III.1.22).

Пигва говорит о персонаже по имени Лунный Свет, что в английском отражено в написании слова с заглавной буквы (Moonshine), а не просто о «лунном свете». Актер-ремесленник в комедии «Сон в летнюю ночь» репетирует роль персонажа по имени Лунный Свет (Moonshine) во вставной пьесе «Пирам и Фисба», а персонаж по имени Лунный Свет, в свою очередь, играет перед герцогом роль лунного света. Мотив лунного света выражен Шекспиром и на уровне значений личных имен персонажей. Имя Царицы эльфов, Титании, является согласно Овидию вторым именем древнеримской богини Луны — Дианы. Персонаж по имени Лунный Свет не только изображает лунный свет во вставной пьесе, поставленной актерами-ремесленниками, но и отображает, как в зеркале, зрителя этой пьесы — Царицу эльфов Титанию, то есть Луну.

От мимикрии до метапьесы

Сложность, с которой сталкивается исследователь поэтики театральности Шекспира, заключается в отсутствии как общепринятого языка описания драматического текста, так и общепринятого терминологического аппарата[43]. Единственный более или менее устойчивый термин, используемый для обозначения базового элемента драматического действия, — это «мизансцена» наряду с «эпизодом» и «сценой»[44]. Под «мизансценой» понимают «гомогенный набор альтернатив и ограничений», ино-

---

43 Rose M. Shakespearean Design. — London, 1974. — P. 8.
44 Ibid.

гда именуемый «текстом перформанса» (performance text), или «текстом зрелища» (testo spettacolare)[45]. Иногда мизансцену определяют как еще не написанный, воображаемый текст, допускающий любые возможные прочтения и интерпретации при постановке на сцене. Нас же прежде всего интересует выделение основных элементов театральности в самом драматическом тексте Шекспира, а не в континууме возможных прочтений и интерпретаций его пьес режиссерами-постановщиками.

В основе *модели театральности* в творчестве Шекспира лежит обобщенная схема ролевых взаимоотношений между персонажами, которую можно представить в виде последовательности действий: один персонаж или группа персонажей, выступая в метароли авторов, драматургов, режиссеров и актеров (эти роли отличны от первоначально заданных ролей, например, короля, шута и т.д.), разыгрывают театральную постановку / инсценировку по сочиненному и/или написанному ими сценарию — с целью обмана или введения в заблуждение другого персонажа или группы персонажей, которые выступают в метароли актеров и зрителей[46]. По ходу действия между персонажами происходит обмен метаролями: автор, который ставит спектакль для другого персонажа, как правило, в качестве «ловушки», «мышеловки», сам оказывается жертвой собственной инсценировки. Постановщик театральной «мышеловки», расставленной для соперника, сам в нее попадает.

Обозначим сценическую постановку, розыгрыш, инсценировку или представление, осуществляемые персонажами внутри основного действия драматического произведения, термином *метапьеса,* которую будем считать минимальной, базовой единицей театральности. Простейшая метапьеса выражается формулой: **«А» выступает перед «В» в роли «С».**

---

[45] Elam K. The Semiotics of Theatre and Drama. — Routledge, 2002. — P. 2.

[46] Пимонов В., Славутин Е. Загадка Гамлета. — М., 2001. — С. 24.

Например, Гамлет (А) выступает перед Клавдием (В) в роли сумасшедшего (С). Призрак (А) выступает перед Гамлетом (В) в роли его отца (С). Убийца Клавдий (А) выступает перед Гамлетом (В) в роли благородного короля (С). Яго (А) выступает перед Отелло (В) в роли друга (С).

Ролевые отношения между «А», «В» и «С» в драматическом тексте могут образовывать самые разные комбинации, например, «А» выдает себя за «А» перед «С» и становится «В»: Шут играет перед Лиром шута, уже не будучи шутом. Или когда «А» предлагает «В» выступить в роли «А»: Лорд навязывает Слаю роль лорда («Укрощение строптивой»). Или «А» начинает играть роль «С», а потом выясняется, что он на самом деле и есть «С»: Гамлет (А) начинает играть роль сумасшедшего (С), а потом совершает поступки, которые, действительно, воспринимаются как безумные (С), например, убийство Полония.

Метапьеса как базовая единица театральности, выраженная формулой: «А» выступает перед «В» в роли «С», принципиально отличается, несмотря на внешнее, поверхностное сходство, от общей формулы театра, предложенной Эриком Бентли: «Ситуация театра, если максимально упростить ее, сводится к тому, что "А" изображает "В" на глазах у "С". <...> Такова инфантильная основа театра. "А", когда он изображает "В", выступает как эксгибиционист; "С", когда он наблюдает такое изображение, выступает как вуайер. <...> Кто такой этот "В", которого изображает "А"? Первоначально, в детстве, это отец, мать, брат или сестра маленького актера. Любые другие лица уподобляются членам семьи и могут занимать место одного из родителей, брата или сестры. Интересно, что то же самое можно сказать и о взрослом театре. Здесь лица, в которых воплощаются актеры, являются творением драматурга. Но классическим предметом изображения драматурга всегда была семья. <...> Психоаналитики указали нам на то обстоятельство, что даже в пьесах, в которых, казалось бы, вовсе не затрагиваются семейные узы, сплошь и рядом семья все же является главным предметом изображения. Отто Ранк, например, утверждал, что тема "Юлия Цезаря" — отцеубийство и что Брут, Кассий и Марк Антоний, символически говоря, являются сыновьями Цезаря»[47]. Эрик Бентли рассуждает о природе игровой деятельности в терминах психоанализа. В его формуле театра «А» (символический ребенок) изображает «В» (члена семьи: отца, мать, брата, сестру) на глазах у «С» — вуайера.

В предлагаемой в данной работе формуле метапьесы «А» — это не символический ребенок, а *персонаж пьесы* (драматического произведения), выступающий в роли «С», то есть в *роли другого* (реального или воображаемого) персонажа той же пьесы, перед персонажем «В», который, вольно или невольно, выступает в *роли зрителя* внутри самой пьесы. Модель театральности, основанная на *обмене инсценировками* между персонажами, отражает метаролевые отношения «актер—режиссер» и «актер—зритель» в тексте драматического произведения, а не «всякую игру» (выражение Эрика Бентли), из которой «берет начало разграничение между искусством и жизнью».

Если же попытаться обнаружить биологическую основу — *прототип театральности* в природе, в животном мире, — то напрашивается сравнение с *мимикрией*, при которой съедобный вид — с помощью маскировки, смены цвета, притворной смерти и т.д. — имитирует перед опасным для себя видом (хищником) несъедобный или ядовитый вид. В ситуации, в которой имеет место мимикрия, выделяется *три роли*: животное *имитатор (mimic)* — вид, который изображает, имитирует *другой* вид; *жертва* обмана (dupe) — вид, перед которым или для которого имитатор притворяется другим видом и животное-*модель* (model) — вид, который имитатор изобра-

---

[47] Бентли Э. Жизнь драмы. — М., 2004. — С. 177, 185—186.

жает, дабы быть на него похожим[48]. Ситуация мимикрии может быть записана той же формулой, что и простейший вид метапьесы: А (имитатор) выступает перед В (жертвой обмана) в роли С (модели). Мимикрия, по-видимому, сыграла роль в процессе возникновения языка человека[49], который по своей природе является источником театральности[50]. В простейшей модели диалога (в том числе и внутреннего) говорящий и слушающий меняются ролями, попеременно играя роль «другого».

Многообразие моделей мимикрии в природе связано с разнообразием видов биологической *маскировки*, что перекликается с феноменом *маски* в культуре. В результате раздвоения субъекта действия с помощью механизма маски[51] возникают различные конфигурации ролевых отношений и между персонажами драматического произведения.

Каждое действующее лицо, кроме своей роли в основном действии (короля, шута, принца), вольно или невольно начинает выступать в одной из театральных метаролей: автора-драматурга, режиссера, актера или зрителя. Взаимодействие и конфликт между действующими лицами на уровне их метаролей можно условно определить как столкновение их драматургических замыслов (текстов), как ролевую коллизию, связанную с выбором роли и вхождением в роль, неопреде-

---

[48] Perspectives on Imitation: from Neuroscience to Social Science. Vol. 2. Imitation, Human Development and Culture / Ed. by S. Hurley, N. Chater. — Cambridge, Massachusets: The MIT Press, 2005. — P. 229.

[49] Robson D. The origins of language discovered in music, mime and mimicry // New Scientist. May 2019.

[50] Brandt Per Aage. Fra gestik til teatralitet — om udsigelsen og kunsten at være synlig // Set fra sidste punktum. Tekst og udsigelse I semiotisk perspektiv. — Borgen, Copenhagen 2002. — P. 138—139.

[51] Кристева Ю. Избранные труды: разрушение поэтики. — М., 2004. — С. 554.

ленностью роли, переменой роли или представлением себя в роли другого.

В самом начале трагедии «Гамлет» на вопрос Бернардо: «Кто там?» (Who's there? (I.1.1)) — Франсиско отвечает: «Нет, сам ответь мне; стой и объявись» (Nay, answer me; stand, and unfold yourself (I.1.2)). Бернардо, чье лицо, по-видимому, скрыто от Франсиско плащом, выступает в двойной роли: с одной стороны, в роли стражника, обозначенной в списке действующих лиц, а с другой — в метароли «незнакомца», что заставляет его партнера Франсиско усомниться в его подлинной роли. И только после ответа «Да здравствует король!» (Long live the king! (I.1.3)) определяется роль Бернардо как часового, сменщика караула. Тем самым уже первая сцена в трагедии представляет собой метапьесу, в которой «А» (Бернардо) выступает перед «В» (Франсиско) в роли «С» (незнакомца).

Вставной спектакль «Мышеловка» в «Гамлете» — самый известный пример «театра в театре» — представляет собой лишь частный случай метапьесы. Как базовая единица театральности, метапьеса необязательно должна быть связана с созданием сценической постановки внутри основного действия. Структура метапьесы обнаруживается в любых сценах, в которых персонажи начинают, пусть даже в символическом смысле, выступать в роли автора, режиссера или актера. Например, когда король Лир в самом начале пьесы, образно говоря, играет роль постановщика, *распределяющего роли* между своими дочерьми, из которых только Корделия отказывается играть по предложенному отцом сценарию.

Примером метапьесы в форме «текста в тексте» может служить «Мышеловка» в «Гамлете». Эта вставная пьеса в буквальном смысле представляет собой «текст в тексте», поскольку Гамлет обещает *дописать* «дюжину или шестнадцать строк» и *вставить свой текст в текст* старой итальянской пьесы «Убийство Гонзаго».

В комедии «Сон в летнюю ночь», как и в «Гамлете», метапьеса сконструирована в виде «текста в тексте»: в ходе репетиции актеры-ремесленники говорят о *написании двух прологов* (текстов) к тексту основной вставной пьесы. Первый пролог должен заверить зрителей, что персонаж по имени Пирам, совершающий самоубийство на сцене, на самом деле не убивает себя и что никакой он не Пирам, а ткач Основа. Второй пролог сообщает о том, что персонаж лев вовсе не настоящий лев, а просто столяр Мигва.

Персонажи Шекспира часто используют метапьесу при осуществлении мести. С помощью метапьесы Царь эльфов Оберон мстит Титании после их ссоры из-за мальчика, которого Оберон требует отдать ему в пажи. Выступая в роли автора-драматурга, Оберон устраивает театральный розыгрыш, выжимая волшебный сок цветка в глаза спящей Титании, чтобы она влюбилась в первого, кого увидит, едва проснувшись. Став невольной актрисой-марионеткой в инсценировке Оберона, Титания влюбляется в заколдованного ремесленника Основу с ослиной головой.

Сценарий мести Яго в трагедии «Отелло» также оказывается метапьесой в форме «текста в тексте»: внутри основного текста Яго *сочиняет* для Отелло *рассказ* (текст) о надуманной измене Дездемоны. В метапьесе воплощена и месть в «Буре» в виде инсценировки бури, сочиненной и поставленной автором-драматургом Просперо.

Основное внимание в этой работе, посвященной поэтике театральности в творчестве Шекспира, сосредоточено на трагедии «Гамлет». Эта пьеса представляет собой один из основных текстов европейской культуры, который, несмотря на великое множество исследований, в силу своей сложности продолжает порождать все новые и новые тексты-интерпретации. В «Гамлете» нашел наиболее яркое свое выражение новый тип художественного мышления, основанный на представлении о тотальном театре. В культурологическом смысле «Гамлет» Шекспира — не изолированное, замкнутое в себе произведение, а порождающий текст, один из наиболее значимых мифов западноевропейской культуры, наряду с «Божественной комедией» Данте, «Дон Кихотом» Сервантеса и «Фаустом» Гете.

Глава II

Homo scribens

В поэтике постмодернизма для обозначения основного способа построения художественного произведения вошли в обиход термины «интертекст» и «интертекстуальность». В основе концепции интертекстуальности, разработанной Ю. Кристевой[52], лежит идея М.М. Бахтина о диалогическом взаимодействии «чужой» и «авторской» речи[53], а также постулат о том, что любой текст является составной частью более широкого культурного текста. Под интертекстом понимают беспрерывно творимую совокупность текстов, состоящую из цитат, реминисценций и отсылок к другому тексту внутри текста художественного произведения.

Интертекст не сводится к цитатности, а образует сложную систему взаимодействия разных видов речи и художественных реальностей. Совмещение в литературном произведении, и в драме в частности, реальностей разного порядка связывают с понятием театральности: «Литературное произведение, как правило, представляет собой не одну, а две и более — иногда целую систему — художественных реальностей. <...> Возникает возможность построить некоторую иерархию реальностей — от наиболее условной до включающей в себя зрительный зал. Такого рода структуры мы называем театральностью драматического произведения»[54]. Текст

---

[52] Kristeva J. Word, Dialogue and Novel // The Kristeva Reader edited by Toril Moi. — New York: Columbia University Press, 1986.

[53] Бахтин М.М. Проблема речевых жанров // Бахтин М.М. Собр. соч. — М.: Русские словари, 1996. — Т. 5: Работы 1940—1960 гг. — С. 159—206.

[54] Парфенов А. Театральность «Гамлета» // Шекспировский сборник-1978. — М., 1981. — С. 42.

роли персонажа представляет собой вид письма и речи, созданный автором-драматургом. Драматическое произведение становится местом взаимодействия нескольких ролей, сочетанием различных видов письма, то есть интертекстом. При этом если драматург как автор роли создает *письменную* форму пьесы, то актер как исполнитель роли творит ее действенную форму — спектакль, переводя авторский текст в другую знаковую систему.

Театральность как основной способ поэтического мышления и построения художественного текста получает наиболее яркое выражение в эпоху Возрождения и барокко, и в особенности в творчестве Шекспира, становясь центральным понятием в его концепции искусства. В пьесах Шекспира актер не только воплощает авторский текст на сцене и играет роль персонажа, сочиненную автором-драматургом, но и сам *персонаж внутри основного действия начинает осознанно играть роль автора-драматурга, режиссера, актера или зрителя,* создавая тем самым художественную реальность иного порядка — наряду с изначально заданной автором пьесы. Гамлет «выступает и внутри и вне действия одновременно — как центральный персонаж действия и, нарушая сценическую иллюзию, как *актер, играющий роль Гамлета.* Это возможно было сделать лишь сдвигая время от времени маску персонажа с лица актера»[55]. Гамлет не только актер, играющий роль персонажа по имени Гамлет. Будучи человеком искусства в самом широком смысле, он играет и *роль автора—драматурга,* сочиняя разные роли как для самого себя, так и для других персонажей пьесы.

Гамлет видит мир глазами художника: *драматурга, режиссера, актера.* В качестве драматурга он сочиняет спектакль, дописывает монолог, *переделывает* и *переписывает* чужие тексты. Выступая в роли *режиссера,* он учит актеров играть, *репетируя* пьесу. А становясь *актером,* он *исполняет разные роли:* убийцы,

---

[55] Парфенов А. Театральность «Гамлета» // Шекспировский сборник-1978. — М., 1981. — С. 47.

мстителя, любовника, рыцаря, хора, пилигрима, призрака, дуэлянта, сумасшедшего, шута. Гамлет способен сыграть кого угодно, любую роль, он может надеть любую маску. Театр Гамлета — это театр одного актера. Все, к чему прикасается Гамлет, обретает театральную сущность и смысл.

Едва услышав от Розенкранца о скором приезде столичных трагиков в Эльсинор, Гамлет с ходу, как опытный *автор-драматург и режиссер,* распределяет между ними роли и излагает, образно говоря, *зерно каждой роли* (почти по Станиславскому!) в следующем *тексте*: «Тот, кто играет короля, будет желанным гостем; его величеству я воздам должное» (He that plays the king shall be welcome; his majesty shall have tribute of me (II. 2)). В этом многозначительном «воздам должное» уже слышится скрытое предвестие *театрального замысла* Гамлета устроить сценическую «мышеловку» для Клавдия. А «отважный рыцарь пусть орудует шпагой и щитом» (the adventurous knight shall use his foil and target), продолжает Гамлет, словно предчувствуя, что ему предстоит сыграть роль «рыцаря» в финальном поединке с Лаэртом, а на самом деле — в подлой *инсценировке* Клавдия, в которой ему уготована роль «жертвы». Роль «любовника», который не должен «вздыхать даром» (the lover shall not sigh gratis), перекликается с ролью самого Гамлета, который, как пела Офелия, «пускал к себе <...> деву в дом, / не деву отпускал» (Let in maid, that out a maid / Never departed more. IV.5). В реальной жизни прообразом роли «чудака», который, как говорит Гамлет, «пусть мирно кончает свою роль» (the humorous man shall end his part in peace), выступает Полоний, ставший случайной жертвой театрального *розыгрыша*, устроенного королем. Кто сыграет роль «шута», «который смешит тех, у кого щекотливые легкие» (the clown shall make those laugh whose lungs are tickle o' the sere)? Не сам ли Гамлет, прикинувшийся сумасшедшим? Похожая на *режиссерское наставление* фраза «героиня пусть свободно высказывает свою душу» (and the lady shall say her mind freely) содержит скрытый намек на Гертруду, играющую роль «приманки» в инсценировке короля. Роли, которые Гамлет в своем творческом воображении автора-драматурга *сочиняет и пишет* для бродячих актеров, перекликаются с теми ролями, которые играют персонажи пьесы Шекспира.

Могильщики выбрасывают черепа (V.1), и Гамлет тут же *пишет сценарий*, давая этим черепам разные роли: *роль Каина* — «того, что совершил первое убийство» (that did the first murder): *роль политика* — «человека, который готов был провести самого Господа Бога» (one that would circumvent God); *роль придворного*, который говорил: «Доброе утро, дражайший государь мой! Как вы себя чувствуете, всемилостивейший государь мой?» (which could say, "Good morrow, sweet lord. How dost thou, sweet lord?"); *роль законоведа* — «где теперь его крючки и каверзы, его казусы, его кляузы и тонкости?» (Where be his quiddities now, his quillets, his cases, his tenures, and his tricks?); *роль скупщика земель* — «со всякими закладными, обязательствами, купчими» (with his statutes, his recognizances, his fines, his double vouchers, his recoveries).

В роли *режиссера* Гамлет *репетирует* воображаемую сцену с черепом бедного Йорика: «Ступай теперь в комнату к какой-нибудь даме и скажи ей, что, хотя бы она накрасилась на целый дюйм, она все равно кончит таким лицом; посмеши ее этим» (Now get you to my lady's chamber and tell her, let her paint an inch thick, to this favour she must come. Make her laugh at that).

Гамлет с черепами — это кукловод с куклами. В его руках куклы оживают, начиная играть те же роли, что и персонажи самой трагедии. Роль Каина-братоубийцы отдана Клавдию, роль политика — Полонию, а роль бедного Йорика — самому Гамлету: он тоже советовал Офелии «не делать себе другое лицо». *Список ролей*, которые Гамлет раздает своим *воображаемым актерам* — черепам-куклам, перекликается со *списком ролей* действующих лиц пьесы.

Как истинный *художник* Гамлет *пишет театральные портреты* других персонажей пьесы. По словам Офелии, он «рисует» ее воображаемый портрет:

Oph. He falls to such perusal of my face
As he would **draw it** (II.1.102—103).

Офелия. Стал пристально смотреть в лицо мне, словно
Его **рисуя**.

Гамлет *пишет* и *словесный портрет* Полония. На его вопрос: «Что вы читаете, принц?» — Гамлет отвечает знаменитой фразой: «Слова, слова, слова». А после дополнительного вопроса: «Что говорится в том, что вы читаете?» — Гамлет как подлинный *художник слова* дает Полонию насладиться своим реалистическим *словесным изображением*: «Клевета, сударь мой; потому что этот сатирический плут говорит здесь, что у старых людей седые бороды, что лица их сморщены, глаза источают густую камедь и сливовую смолу и что у них полнейшее отсутствие ума и крайне слабые поджилки; всему этому, сударь мой, я хоть и верю весьма могуче и властно, однако же считаю непристойностью взять это и *написать*» (курсив мой. — *В.П.*) (that old men have gray beards, that their faces are wrinkled, their eyes purging thick amber and plumtree gum, and that they have a plentiful lack of wit, together with most weak hams. All of which, sir, though I most powerfully and potently believe, yet I hold it not honestly to have it thus set down (II.2.196—199)).

Здесь Гамлет надевает *маску автора* книги другого автора, сочиняя добавление к уже существующему тексту. Гамлет *пишет* портрет Полония, иронически замечая при этом, что «считает непристойностью взять это и *написать*» (курсив мой. — *В.П.*). Вдохновленный живописными изображениями двух королей — своего отца, старого Гамлета, и короля-злодея Клавдия, — Гамлет *пишет* их *словесные портреты* в сцене в комнате Гертруды. Гамлет *пишет* и целую галерею своих *словесных автопортретов*, на которых он похож то на *трагического актера* в *роли Энея*, то на *флейту*, то на загадочное *облако* — фигуру из театра теней.

В свете поэтики театральности Гамлет неожиданно предстает перед нами не только как *Homo ludens*, то есть «Человек играющий» (по Йохану Хейзинге), но прежде всего как **Homo scribens — Человек пишущий**. Что бы он ни делал, что бы ни говорил, Гамлет прежде всего выступает в роли автора-драматурга, неутомимого создателя *письменных текстов для театра*.

Вечный переписчик

В шекспироведении существует классический вопрос о так называемом *бездействии* Гамлета. Но разве Гамлет бездействует? Напротив, ни один другой персонаж трагедии не действует так энергично: он и автор-драматург, и режиссер-постановщик, репетирующий будущий спектакль, и актер, играющий множество ролей, и зритель, и невольный участник театральных постановок других персонажей.

Роль *автора-драматурга* заключается прежде всего в *письменной деятельности* — написании, подготовке, правке, переписывании или переделке уже существующих текстов. Гамлет — вечный *переписчик* чужих текстов, подлинный творец интертекста. Он первый герой мировой литературы, который на протяжении всего действия создает письменные драматические тексты на основе текстов других авторов.

Кроме того, что Гамлет *дописывает* «дюжину или шестнадцать строк» (some dozen or sixteen lines (II.2.535)) в качестве добавления к старой итальянской пьесе «Убийство Гонзаго», он *пишет* письмо Офелии, *переписывает* (в переносном смысле) сценарий роли Гертруды (III.4), *переписывает* письма Клавдия, которые Гильденстерн и Розенкранц везут в Англию, *переписывает* сценарий мести, предложенный Призраком (не убивая Клавдия при первом представившемся случае), *переписывает* замысел короля в финальной сцене поединка, отдавая свой голос Фортинбрасу, и тем самым *исправляет* «поддельный сценарий» (a forged process (I.5.37)), с помощью которого Клавдий обманом завладевает троном. Еще Гамлет *пишет* два письма — Клавдию и Гертруде (после возвращения из морского путешествия): «*Гонец.* Письма, государь, от принца; / Одно для вас, другое — королеве» («*Mess.* These to your Majesty, this to the Queen» (IV.7.37)), *пишет* письмо Горацио, передавая его через матроса: «*Первый моряк.* Тут вам письмо, сударь...» (*1ˢᵗ Sail.* There' a letter for you, sir (IV.6.8)).

Процесс *написания* Гамлетом писем удваивается как в действиях Клавдия, пишущего письмо старому Норвежцу (I.2.27), так и в действиях Полония, пишущего письмо Лаэрту, которое он передает через Рейнальдо: «Вот деньги и письмо к нему, Рейнальдо» (Give him this money and these notes, Reynaldo (II.1.1)).

Но «Гамлет» не роман в письмах, а пьеса о тотальном театре. Письма, написанные персонажами пьесы, — это не эпистолярные опыты, а прежде всего тексты театральных сценариев. Выступая в *роли переписчика* чужих текстов, из *автора* Гамлет превращается в *действующее лицо* собственных произведений, то есть в *автора под маской*.

Принято считать, что Гамлет начинает играть *роль драматурга* в сцене встречи с актерами, задумывая с их помощью разыграть спектакль для короля (II.2). Однако *сочинителем,* то есть *пишущим автором* Гамлет становится уже в самом начале пьесы, записывая «в свои таблички» текст о Клавдии. Сразу же после ухода Призрака со словами «Помни обо мне» (Remember me (I.5.91)) Гамлет восклицает: «Подлец, / Улыбчивый подлец, подлец проклятый» (O villain, villain, smiling, damned villain!) — и продолжает:

Ham. My tables, — meet it is I set it down,
That one may smile, and smile, and be a villain;
At least I'm sure it may be so in Denmark:
[Writes.]
So, uncle, there you are. Now to my word;
It is, 'Adieu, adieu! remember me.
I have sworn't (I.5.115—120).

Гамлет. Мои таблички, — **надо записать,**
Что можно жить с улыбкой и с улыбкой
Быть подлецом; по крайней мере — в Дании.
(Пишет.)
Так, дядя, вот вы здесь. — Мой клич отныне:
«Прощай, прощай! И помни обо мне».
Я клятву дал.

«Таблички памяти» (tables of my memory) представляли собой реальную записную книжку (notebook) на сцене, то есть предмет театрального реквизита. В елизаветинские времена молодые люди часто записывали свои мысли в записные книжки[56]. Актер, игравший роль Гамлета во времена Шекспира, действительно доставал записную книжку и делал в ней запись. Но самое важное в другом — упоминание о «табличках» (tables) и сценическая

---

[56] Kato Y. Some Aspects of Elizabethan Staging and Stage Directions // British Council Seminar on Theatre. — Hakone, 26th September 1990. — P. 2—3.

ремарка «Надо записать» (I set it down), — в буквальном переводе «Я записываю», присутствуют в самом тексте, причем не только в современных изданиях, включая каноническое оксфордское, но и в Первом фолио и Первом кварто. Из текста следует, что Гамлет *записывает* (set it down) в «таблички» (tables) текст о дяде: «Так, дядя, вот вы здесь» (So, uncle, there you are): «<...> можно жить с улыбкой и с улыбкой / Быть подлецом; по крайней мере — в Дании» (<...> one may smile, and smile, and be a villain; At least I'm sure it may be so in Denmark).

Записывая в «таблички» текст о Клавдии, Гамлет становится *автором-драматургом*, пишущем пьесу о короле. При этом он не просто *записывает* текст о дяде-подлеце, а творчески перерабатывает, *переписывает* слова Призрака о Клавдии. Намереваясь убедиться в достоверности слов Призрака об убийстве своего отца Клавдием, Гамлет предлагает прибывшим в Эльсинор актерам сыграть старую итальянскую пьесу «Убийство Гонзаго». Если Призрак сообщил правду, то Клавдий выдаст себя во время представления. Принц обращается к Первому актеру:

Ham. Follow him, friends: we'll hear a play to-morrow. (Exit Polonius, with all the Players but the First.)

Dost thou hear me, old friend; can you play the murder of Gonzago?

First Player. Ay, my lord.

Ham. We'll ha't to-morrow night. You could, for a need, Study **a speech of some dozen or sixteen lines,** which I would set down and insert in't, could you not?

First Player. Ay, my lord.

Ham. Very well (II.2.377—385).

Гамлет. Ступайте за ним, друзья; завтра мы дадим представление.

(Полоний и все актеры, кроме первого, уходят.)

Послушайте, старый друг; можете вы сыграть «Убийство Гонзаго»?

Первый актер. Да, принц.

Гамлет. Мы это представим завтра вечером. Вы могли бы, если потребуется,выучить монолог в каких-нибудь двенадцать или шестнадцать строк, которые я бы сочинил и вставил туда? Могли бы вы?

Первый актер. Да, принц.

Гамлет. Отлично.

В метароли *автора-драматурга* Гамлет приступает к сочинению пьесы о Клавдии, записывая текст (*переписывая* слова Призрака) о дяде в свою записную книжку (таблички), а продолжает он работу над пьесой, сочиняя некий *монолог* (*speech*) — добавление к «Убийству Гонзаго», по существу, *переписывая* старую пьесу. В результате сочинительства Гамлета возникает новая пьеса под названием «Мышеловка».

Война театров

Анна Райтер назвала «Гамлета» пьесой, в которой «доминирует идея игры»[57]. «Каждый главный персонаж в трагедии играет роль актера, а каждый большой эпизод — есть игра», — пишет Мейнард Мэк[58]. Основоположник концепции метатеатра Лайонел Абель развивает эту мысль: «Каждый значимый персонаж действует в тот или иной момент как драматург, навязывающий некоторое положение или точку

---

[57] Righter A. Shakespeare and the Idea of the Play. — London, 1964. — P. 158. См. также: Wilds L. Shakespeare's character-dramatists: a study of a character type in Shakespearean tragedy through Hamlet. — Salzburg: Institut für Englische Sprache und Literatur, Universität Salzburg, 1975. — P. 139.

[58] Mack M. The World of Hamlet. — Yale Review, 1952. — P. 513.

зрения другому персонажу»[59]. В работе У. Санфорд «Театр как метафора в «Гамлете» говорится: «Внешнее действие “Гамлета” разворачивается как последовательность столкновений между персонажами, представленных в форме театральных сцен, поставленных самими персонажами пьесы, играющими роли драматургов и режиссеров. Персонажи из лагеря Клавдия и из лагеря Гамлета организуют эти столкновения, манипулируют друг другом дабы вызвать определенную реакцию своих противников <...>. Эта структурная модель чередующихся режиссерских построений тематически связана с попыткой обнаружить тайну, скрытую вину или некое знание»[60].

Гамлет и Клавдий предстают перед зрителем и читателем не только как соперники, вступающие в нравственный и политический конфликт, но и как два автора-драматурга с противоположными взглядами на театральное искусство. Возникает «драма как действие, как борьба, как развитие конфликта»[61], как своеобразная война театров.

Каждому «спектаклю в спектакле», созданному одним из авторов-драматургов, противопоставлено ответное театральное построение (метапьеса) другого автора-драматурга. Сочиняя и ставя друг для друга спектакли в спектакле, Гамлет и Клавдий выступают в метароли авторов-драматургов, режиссеров, актеров и зрителей внутри самой пьесы. Каждая такая метапьеса имеет целью завлечь соперника в театральную «мышеловку».

Посмотрим на действия главных антагонистов пьесы, Гамлета и Клавдия, не с точки зрения их противостояния как мстителя и убийцы в плоскости сюжета трагедии мести, а как на столкновение двух авторов-драматургов и режиссеров-постановщиков.

---

[59] Abel L. Op. cit. — P. 46.

[60] Sanford W.C. Theatre as Metaphor in “Hamlet”. — Harvard Univ. Press, 1967. — P. 7—8.

[61] Волькенштейн В.М. Драматургия. — М., 1969. — С. 7.

Театр Гамлета

Театр Гамлета начинается с пантомимы. Офелия рассказывает Полонию о своей встрече с принцем (II.1):

Oph. He took me by the wrist and held me hard,
Then goes he to the length of all his arm,
And, with his other hand thus o'er his brow,
He falls to such perusal of my face
As he would draw it. Long stay'd he so;
At last, a little shaking of mine arm,
And thrice his head thus waving up and down,
He rais'd a sigh so piteous and profound
That it did seem to shatter all his bulk
And end his being. That done, he lets me go,
And, with his head over his shoulder turn'd,
He seem'd to find his way without his eyes;
For out o' doors he went without their helps,
And to the last bended their lights on me (II.I.99—112).

Офелия. Он взял меня за кисть и крепко сжал;
Потом, отпрянув на длину руки,
Другую руку так подняв к бровям,
Стал пристально смотреть в лицо мне, словно
Его рисуя. Долго так стоял он;
И наконец, слегка тряхнув мне руку
И трижды головой кивнув вот так,
Он издал вздох столь скорбный и глубокий,
Как если бы вся грудь его разбилась
И гасла жизнь; он отпустил меня;
И, глядя на меня через плечо,
Казалось, путь свой находил без глаз,

Затем что вышел в дверь без их подмоги,
Стремя их свет все время на меня.

На наших глазах разыгрывается самая натуральная *пантомима,* исполненная Гамлетом перед Офелией, но пантомима, не разыгранная на сцене, а представленная в форме *рассказа.* Бессловесное театральное представление обретает словесный образ, немота передана звуком. Из рассказа Офелии зритель впервые узнает о визуальном облике Гамлета в роли *мнимого сумасшедшего:* он похож на «выпущенного из ада», дабы «вещать об ужасах». Но это описание вполне подходит и Призраку. О первом появлении Призрака мы тоже узнаем не из физического действия на сцене, а из *рассказа* Марцелла Горацио о «жутком виденьи» (I.1). В свою очередь, Гамлет узнает о приходившем Призраке из *рассказа* Горацио (I.2):

Hor. ...A figure like your father
Armed at point exactly, cap-a-pe,
Appeares before them, and with solemn march,
Goes slow and stately by them. Thrice he walk'd
By their opress'd and fear surprised eyes
Within his truncheon's length...

Горацио. ...Некто, как отец ваш,
Вооруженный с ног до головы,
Является и величавым шагом
Проходит мимо. Трижды он прошел
Пред их замершим от испуга взором,
На расстоянии жезла...

Итак, Призрак разыгрывает немую сцену, *пантомиму.* Сначала перед стражниками, потом и перед Горацио. На вопрос Гамлета: «Вы с ним говорили?» — Горацио отвечает:

«Говорил, / Но он не отвечал». Так же, как Призрак, прежде чем позже заговорить с Гамлетом, начинает свою роль в пьесе с бессловесного действия, так и Гамлет, прежде чем заговорить с Офелией, начинает свою театральную роль мнимого сумасшедшего с бессловесного представления перед ней. Заметим, насколько схожи пластические движения Призрака и Гамлета. Призрак «прошел трижды», Гамлет «головой кивнул три раза», Призрак «прошел <...> на расстоянии жезла», Гамлет «отпрянул на длину руки». Гамлет как *актер* полностью копирует действия *актера* Призрака. Призрак не реагирует на призыв Горацио, выступающего в роли *зрителя,* заговорить. Вместо этого он выражает свое «послание» бессловесными движениями, разыгрывая роль *глухонемого.* А ведь и Гамлет играет перед Офелией роль *глухонемого,* выражая свои эмоции не с помощью слов, а с помощью тела — жестами и движениями. Гамлет как *актер* не только полностью копирует движения другого *актера* — Призрака, но и повторяет его действия как *автора-драматурга,* придумавшего пьесу «о мести» внутри самой пьесы Шекспира.

Гамлет играет перед *зрителем* — Офелией — свой спектакль, поставленный на основе другого спектакля, который уже разыграл Призрак перед другим *зрителем* — Горацио. Образно говоря, Гамлет как бы *переписывает* текст уже существующей метапьесы Призрака. При этом Гамлет предстает перед нами не только как автор постановки, но и как актер в *двойной маске* — мнимого сумасшедшего и Призрака одновременно. Перекличка ролей Призрака и Гамлета подчеркнута драматическим приемом *словесного рассказа о немом действии.* Но если *автором* рассказа о бессловесном действии Призрака выступает Горацио, а Гамлет выступает в роли *слушающего зрителя,* то *автором* рассказа о бессловесном поведении Гамлета выступает Офелия, отводя роль *слушающего зрителя* своему отцу Полонию.

Роль Призрака не сводится лишь к роли Тени, иномирного двойника отца Гамлета. Призрак предстает верховным Отцом всей трагедии, *автором-драматургом и режиссером* пьесы о мести, в которой главная *роль мстителя* отведена Гамлету. В первом акте Призрак раскрывает Гамлету тайну убийства его отца:

Ghost. The serpent that did sting thy father's life
Now wears his crown (I.5.39—40).

Призрак. Змей, поразивший твоего отца, / Надел его венец.

Выступая в метароли главного *режиссера-постановщика* трагедии Шекспира, Призрак предлагает Гамлету *сыграть роль мстителя* за смерть отца:

Ghost. Revenge his foul and most unnatural murder (I.5.25).

Призрак. Отмсти за гнусное его убийство.

Однако Гамлета обуревают сомнения в правдивости слов Призрака:

Ham. The spirit that I have seen
May be a devil, and the devil hath power
T'assume a pleasing shape, yea, and perhaps,
Out of my weakness and my melancholy,
As he is very potent with such spirits,
Abuses me to damn me. I'll have grounds
More relative than this (II.2.594—600).

Гамлет. Дух, представший мне,
Быть может, был и дьявол; дьявол властен

Облечься в милый образ; и возможно,
Что, так как я расслаблен и печален, —
А над такой душой он очень мощен, —
Меня он в гибель вводит. Мне нужна
Верней опора.

Эту опору (grounds) он находит в театре. Гамлет, персонаж пьесы *автора-драматурга* Шекспира, не просто становится сознательным *актером*, выступающим в *роли мстителя* в пьесе *автора-драматурга* Призрака, но и сам берет на себя роль *автора-драматурга:* сочиняет пьесу «Мышеловка», придумывая в ней роли не только для других актеров-персонажей, но и для себя самого. *Роль принца* Гамлета, изначально отведенная Гамлету в трагедии Шекспира и обозначенная с списке действующих лиц как «сын покойного и племянник царствующего короля», раздваивается, с одной стороны, на *метароль актера*, играющего *роль мстителя* в пьесе Призрака, а с другой стороны, на *метароль автора-драматурга* собственной пьесы под названием «Мышеловка».

Мышеловка

Во время репетиции будущего представления с актером возникает важнейший для всей театральной философии Гамлета образ зеркала:

Ham. For anything so o'erdone is from the purpose of playing, whose end, both at the first and now, was and is to hold as 'twere the mirror up to nature; to show vitrue her feature, scorn her own image, and the very age and body of the time his form and pressure (III.2.20—25).

Гамлет. <...> ибо все, что так преувеличено, противно назначению лицедейства, чья цель как прежде, так и теперь была и есть — держать как бы зеркало перед природой, являть добродетели ее же черты, спеси — ее же облик, а всякому веку и сословию — его подобие и отпечаток.

В театральном зеркале Гамлета отражается не только злодейское убийство короля. Представление «Мышеловки» условно распадается на **три акта**: пантомиму, диалог Актера-короля и Актера-королевы и, наконец, монолог убийцы. Король узнает себя лишь в последней части спектакля.

Трехактная постановка Гамлета — это не одно театральное зеркало, поставленное лишь для *одного зрителя* — Клавдия. В «Мышеловке» присутствуют сразу три театральных зеркала для *трех зрителей*: Клавдия, Гертруды и Офелии. Каждый из этих персонажей видит свое отражение в той части спектакля, которая обращена именно к нему. «Узнавание» себя в зеркале театра зрители выдают своей *словесной реакцией* на происходящее на сцене.

Первый акт спектакля Гамлета — пантомима, с которой начинается представление, оставляет невозмутимыми и Клавдия, и Гертруду, зато вызывает живой интерес у Офелии. Во время пантомимы она спрашивает Гамлета: «Что это значит, мой принц?» (*Oph.* What means it, my lord? (III.2.134)). «Может быть, эта сцена показывает содержание пьесы?» (Will a tell us what this show meant? (III.2.139)). Словесная реакция Офелии на бессловесную сцену выдает ее эмоции. Пантомима напомнила Офелии о событиях ее собственной жизни.

Следующая за пантомимой сцена — диалог супругов, Актера-короля и Актера-королевы, — **второй акт** спектакля Гамлета оставляет безучастными и Офелию, и Клавдия. Они никак не тронуты словами Актера-королевы:

Player Queen. The instances that second marriage move
Are base respects of thrift, but none of love.

...

Sleep rock thy brain,
And never come mischance between us twain (III.2.177—178; 223—224).

Актер-королева. Тех, кто в замужество вступает вновь,
Влечет одна корысть, а не любовь
<...>
Пусть дух твой отдохнет,
И пусть вовек не встретим мы невзгод.

А вот Гертруда, по-видимому, узнавшая себя в фигуре Актера-королевы, не выдерживает и выдает свои чувства репликой: «Эта женщина слишком щедра на уверения, по-моему» (The lady doth protests too much, methinks (III.2.224—225)). Наконец, **третий акт** спектакля Гамлета — сцена отравления, сыгранная Луцианом, никого не потрясла так сильно, как Клавдия.

Каждый акт своего спектакля Гамлет комментирует именно для того зрителя, который должен увидеть отображение своего порока или преступления в зеркале театра. **Первый акт** — пантомима изображает измену женщины, которая предает своего возлюбленного. В основном действии предает своего возлюбленного Офелия, соглашаясь участвовать в игре против Гамлета. Не случайно именно Офелия, а не король, реагирует на сцену пантомимы, увидев в ней отражение своего поступка.

Во втором акте представления Актер-Королева уверяет своего мужа в преданности, обещая не выходить замуж второй раз после его смерти. В основном действии клятву верности нарушает Гертруда, вступая в брак с Клавдием после смерти мужа. Гертруда и реагирует на слова Актера-королевы, увидев в них отражение своего поступка.

«Мышеловка» Гамлета оказывается не просто театральным зеркалом для Клавдия, а целой системой зеркал, отражающих образы и других зрителей-персонажей. Это отражение становится возможным благодаря *роли хора*, сочиненной Гамлетом и им самим же исполненной.

«Вы отличный хор, мой принц» (You are as good as a chorus, my lord (III.2.240)), — говорит Офелия. Гамлет в *роли хора* придумывает название каждому «акту» своего спектакля. Пантомиму, **первый акт**, он называет «Крадущееся малечо» (miching mallecho): «Это крадущееся малечо, что значит злодейство» (Marry, this is miching malleco. It means mischief). На вопрос Офелии: «Он нам скажет, что значило то, что они сейчас показывали?» (Will a tell us what this show meant? (III.2.134)) — хор-Гамлет отвечает: «Да, как и все то, что вы ему покажете; вы не стыдитесь ему показать, а он не постыдится сказать вам, что это значит» (Ay, or any show that you will show him. Be not you ashamed to show, he'll not shame to tell you what it means (III.2.140—143)). Гамлет дает понять Офелии, что пантомима изображает нечто, связанное с событиями ее жизни. Шекспир следует традиции античного театра, сопровождая пантомиму комментарием хора. Сюжет пантомимы в трагедии представляет собой сцену любовной игры. На эротический характер пантомимы и реагирует Офелия, в ответ на что Гамлет предлагает ей более чем эротичный комментарий.

Перед сценой диалога Актера-короля и Актера-королевы на сцену выходит актер, исполняющий *роль Пролога*. Пролог столь краток (Офелия: «Это коротко, мой принц»), что Гамлет сравнивает его с женской любовью: «Как женская любовь». «Краткость женской любви» — таково условное название

второго акта спектакля Гамлета. Актер-королева обещает не предавать своего мужа:

Player Queen. None wed the second who kill'd the first.
Ham. (aside) That's wormwood (III.2.175—176).

Актер-королева. Второй супруг — проклятие и стыд!
Второй — для тех, кем первый был убит.
Гамлет (в сторону). Полынь, полынь!

«Wormwood» переводится как «полынь». В шекспировские времена, согласно народным поверьям, это растение использовалось как противоядие против «червей в ушах» (worms in the ear)[62]. Спектакль Гамлета должен «излечить ухо Дании». В слове «полынь» (wormwood) в скрытом виде сквозит мотив «отравленного уха» и «яда». Другое значение слова «wormwood» — «горечь». В данном случае речь может идти о «горечи стихов».

Во время представления Клавдий спрашивает: «Как называется пьеса?» (What do you call the play? (III.2.231)). Гамлет отвечает: «Мышеловка» (The Mousetrap (III.2.232)). И тут же поясняет: «...но в каком смысле? В переносном» (marry, how tropically! (III.2.232)).

«Мышеловка» — это условное название **третьего акта** спектакля. Доходящий до фарса, нарочито остраненный комментарий Гамлета приобретает для Клавдия весьма конкретный смысл:

Ham. He poisons him i' the garden for's estate. His name's Gonzago; the story is extant, and writ in very choice Italian. You shall see anon how the murderer gets the love of Gonzago's wife (III.2).

---

[62] Alexander N. Hamlet.The Macmillan Shakespeare. — London, 1978. — P. 162.

Гамлет. Он отравляет его в саду ради его державы. Его зовут Гонзаго. Такая повесть имеется и написана отменнейшим итальянским языком. Сейчас вы увидите, как убийца снискивает любовь Гонзаговой жены.

Словесный комментарий Гамлета превращается в зримое театральное зеркало, отражающее образ Клавдия не только как убийцы, но и как человека, соблазнившего жену убитого брата.

Три акта спектакля Гамлета, ставшего переделкой старой итальянской пьесы, воплощены в трех различных театральных формах — в пантомиме, диалоге и монологе. Каждая часть представления показана с помощью средств выразительности, которые понятны лишь тому персонажу-зрителю, чей образ отражен в театральном зеркале. Каждому персонажу хор-Гамлет предлагает тот сценический язык, который этому персонажу наиболее понятен и близок. С Офелией Гамлет общается на языке мимики и жестов, посредством пантомимы. Сначала Гамлет сам разыгрывает пантомиму для Офелии, о чем мы узнаем из ее рассказа Полонию, потом устраивает для нее пантомимическую сцену в своем спектакле.

Офелия чрезвычайно восприимчива не только к бессловесному действию, пантомиме, но и ко всей пластической ткани спектакля в целом. Характерно, что реплика «Король встает!» — «The king rises!» во время представления «Мышеловки» принадлежит именно ей. Офелия первой из зрителей улавливает спонтанную, бессловесную реакцию Клавдия. Пластическое движение становится формой самовыражения Офелии, впавшей в безумие: «А по ее кивкам и страшным знакам...» (*Gent* <...> as her winks and nods and gestures <...> (IV.5.11)). Этими словами сообщает о ее сумасшествии персонаж, обозначенный в списке действующих лиц как Первый дворянин.

Диалогическая форма общения связана в пьесе с Гертрудой. Первый разговор Гамлета с матерью (I.2) — это диалог. Диалог о том, что «кажется» и «есть». Раскаяние Гертруды в своем грехопадении тоже происходит в форме диалога, в сцене разговора с Гамлетом в ее комнате (III.4).

Монолог — это основной вид речи Клавдия, подчеркивающий его изолированность, выключенность из разговорного процесса. Король признается в своем преступлении в монологе, когда он не в состоянии молиться, — «О мерзок грех мой» (O, my offence is rank (III.3.36)). Монолог Луциана, дописанный Гамлетом и вставленный в представление, предназначен для ушей Клавдия.

Гамлет в *роли хора* искусно *режиссирует* реакцию зрителей своего спектакля. Зрители реагируют на представление благодаря комментарию к действию хора-Гамлета. Без этого *авторского голоса* Гамлета герои не в состоянии увидеть свое отражение в его театральном зеркале. Гамлет будто совершает наезд камеры, снимая крупный план, когда, по его собственному выражению, «требуется внимание к какому-нибудь важному месту пьесы» (some necessary question of the play be then to be considered (III.2.42—43)).

Племянник короля

Представление «Мышеловки» начинается с пантомимы. В сценической ремарке сказано:

Hautboys play. The dumb-show enters.

Enter a King and a Queen, very lovingly; the Queen embracing him, and he her. She kneels, and makes show of protestation unto him. He takes her up, and declines his head upon her neck; lays him down upon a bank of flowers: she, seeing him asleep, leaves him. Anon comes in a fellow, takes off his crown, kisses it, and pours poison in the King's ears, and exit. The Queen returns, finds the King dead, and makes passionate action. The Poisoner, with some two or three Mutes, comes in again, seeming to lament with her. The dead body is carried away. The Poisoner, with the Queen with gifts; she seems loath and unwilling awhile, but in the end accepts his love (Exeunt (III.2).

Входят актеры — король и королева; весьма нежно королева обнимает его, а он ее. Она становится на колени и делает ему знаки уверения. Он поднимает ее и склоняет голову к ней на плечо; ложится на цветущий дерн; она, видя, что он уснул, покидает его. Вдруг входит человек, снимает с него корону, целует ее, вливает яд в уши королю и уходит. Возвращается королева, застает короля мертвым и разыгрывает страстное действие. Отравитель, с двумя или тремя безмолвными, входит снова, делая вид что скорбит вместе с нею. Мертвое тело уносят прочь. Отравитель улещивает королеву дарами; вначале она как будто недовольна и несогласна, но наконец принимает его любовь. Все уходят.

Один из старейших вопросов шекспироведения состоит в том, почему король не реагирует на пантомиму, которая так наглядно изображает злодейское убийство с помощью яда. «Однако он молчит, ни одним звуком не проявляя своего беспокойства. Чтобы как-то объяснить это, Довер Уилсон высказывает предположение, что Клавдий разговаривает с Полонием и не смотрит на актеров. Но такая невнимательность всегда осторожного Клавдия кажется странной <...>. По мнению Гренвиль-Баркера, Клавдий не только видит пантомиму, но и понимает ее опасный смысл. Он насторожился и ждет дальнейшего, чтобы узнать, ловушка это или случайность» — так резюмирует эту проблему Н. Зубова[63]. Высказывалось мнение[64],

---

[63] Зубова Н. Постановщику о «Гамлете» // Шекспировский сборник. — М., 1961. — С. 238.

[64] Levin H. The Question of Hamlet. — New York, 1959. — P. 16.

что сцена пантомимы играет роль предвестия сцены отравления с участием Луциана, а не ставит целью разоблачение короля.

Обратимся к предыстории старой итальянской пьесы «Убийство Гонзаго», которую приезжие актеры играют перед датским двором в отредактированном и переписанном (дополненном) Гамлетом виде. Сюжет пьесы напоминает реальное историческое событие — убийство в 1538 году герцога Урбино (Франческо Мария I делла Ровере) с помощью яда, влитого ему в ухо. В причастности к этому убийству подозревали Луиджи Гонзага, *родственника* герцога[65]. *Автор-драматург* Гамлет вносит в исторический сюжет существенную правку: он не только *дописывает* монолог («двенадцать или шестнадцать строк»), но и полностью *переписывает* пьесу, вкладывая в нее новый смысл. Во втором издании «Гамлета» (1604), так называемом «Втором кварто», и убийца, и его жертва носят одно и то же имя — Гонзаго. В современных, оксфордском и арденском текстах трагедии, убийцу зовут Луциан, а убитого — герцог Гонзаго (Gonzago is the duke's name). Между тем в пьесе Гамлета убийца уже не просто *родственник герцога* (по линии жены, как это было в реальной итальянской истории), а *племянник короля* (nephew to the king). Именно так представляет Луциана своим зрителям *племянник короля Клавдия* принц Гамлет: «Это некий Луциан, **племянник короля**» (*Нат.* This is one Lucianus, **nephew to the king** (III.2.186)). В старой пьесе жертвой убийцы был не *король*, а *герцог*. В основу сюжета пьесы «Убийство Гонзаго» могло быть положено другое реальное событие из итальянской истории: убийство *маркиза* Гонзага ди Кастельгоффредо его *племянником* в 1592 году под Мантуей. Но здесь речь идет о *племяннике маркиза*, а не короля. Итак, *племянник короля* Гамлет в *роли автора-драматурга* вводит в старую пьесу новую *роль — племянника короля*.

---

[65] Bullough G. Narrative and Dramatic Sources of Shakespeare. Vol. 7. — London, 1973. — P. 29—33.

А в ходе спектакля с помощью ремарки настоящий *племянник короля* (nephew to the king) Гамлет производит еще одну *ролевую замену* в старой пьесе: вместо *роли герцога* Гонзаго (Gonzago is the duke's name) появляется новая *роль короля*. (Гамлет. Это некий Луциан, племянник *короля*.) Тем самым Гамлет дает понять Клавдию, что в «Мышеловке» изображен не какой-то *герцог*, а он сам, то есть *король*, которого убивает его же *племянник*. В сценическом убийце — *племяннике короля* Луциане — Клавдий узнает собственного *племянника* Гамлета, а в убитом герцоге Гонзаго — самого себя. Король видит в пьесе скрытое предвестие своей смерти от руки своего же племянника. Потому-то Клавдий и приходит в ужас во время представления. По словам комментатора арденского издания Гарольда Дженкинса, сцена с Луцианом «отражает одновременно и преступление, и возмездие»[66].

Предвестие гибели короля от руки *племянника* в завуалированной форме представлено в сцене (I.2.27—28), к которой уже Клавдий выступает в роли *автора* и *пишет* «письмо Норвежцу», *дяде* молодого Фортинбраса: «Мы просим этим / Письмом Норвежца, дядю Фортинбраса» (We have here writ / To Norway, uncle of young Fortinbras), собравшемуся в поход *против его величества* (*Volt.* 'gainst your Highness (II.2.65)), «пресечь его шаги». Юный Фортинбрас не только приходится *племянником* норвежскому *королю* (*брату* старого Фортинбраса, убитого старым королем Гамлетом), но он и *племянник* Клавдия, поскольку тот называет Норвежца своим *братом*: «Что же, Вольтиманд, нам шлет наш брат Норвежец?» (*King.* Say, Voltimand, what from our brother Norway? (II.2.59)). Гамлет дважды называет своим *братом* Лаэрта, обращаясь к нему: «И ранил *брата*» (And hurt my *brother* (V.2.255)); «И буду честно биться в *братской* схватке» (And with this *brother's* wager

---

[66] Jenkins H. The Arden Shakespeare. Hamlet. — London, 2000. — P. 508.

frankly play (V.2.257)). Речь здесь идет о поэтическом *образе брата*, а не о реальном отношении родства. Но если Гамлет и Лаэрт *братья*, то тогда Полоний (фальшивый *король*), в том же образном смысле, оказывается *дядей* Гамлета, гибнущим от руки *племянника*.

Своим письмом норвежскому королю Клавдий пытается предотвратить угрозу своего другого *племянника* — юного Фортинбраса. В этом смысле действия *автора-драматурга* Гамлета, *переписывающего* роль *племянника короля Луциана* в старой пьесе «Убийство Гонзаго», повторяют действия *автора-драматурга* Клавдия, *переписывающего* сценарий действий *племянника короля Фортинбраса*. Параллельное *переписывание* Клавдием и Гамлетом сценариев дает разные результаты. Старый Норвежец, *дядя* Фортинбраса, «едва ль что слышал о замыслах племянника» (Who, impotent and bedrid, scarcely hears / Of his nephew's purpose (I.2.29)), в то время как Клавдий, *дядя* Гамлета, очень даже хорошо расслышал угрозу своего племянника, скрытую в монологе *племянника короля* — Луциана.

В сценическом образе Луциана происходит удвоение-раздвоение и инверсия ролей *убийцы и мстителя*. Луциан (А) оказывается не только в театральной *роли убийцы* — Клавдия (В), но и в *роли мстителя* — Гамлета (С) и Фортинбраса (D) (по признаку родства — как племянник). С другой стороны, Гамлет (С), как *племянник короля*, выступает не только в *роли мстителя* — Фортинбраса (D) и Луциана (В), но и в *роли убийцы* — Клавдия (В), которого изображает Луциан (А).

Спектакль «Мышеловка» становится ярким воплощением театральности в поэтике Шекспира, и к ней вполне применимы слова Гамлета:

Ham. <...> an excellent play, well digested in the scenes, set down with as much modesty as cunning (II.2. 435—437).

Гамлет. Отличная пьеса, хорошо распределенная по сценам, построенная столь же просто, сколь и умело.

Пьеса об убийстве Гонзаго, *переписанная и переделанная* Гамлетом, стала не только пьесой о злодейском убийстве, но и пророческим *предвестием смерти короля от руки племянника*. Это объясняет, почему Клавдий не отреагировал на пантомиму, изображающую, как и сцена с Луцианом, злодейское убийство короля. В пантомиме не было никакого *племянника короля*, и Клавдий не усмотрел в ней никакой угрозы для своей жизни со стороны своего *племянника* Гамлета. По драматическому замыслу пантомима предназначена вовсе не для Клавдия, а, как было показано выше, для Офелии.

Зеркало

Многомерное театральное зеркало Гамлета обладает магическим свойством отражать не только события *прошлой жизни* персонажей, но и их *будущую судьбу*.

Следующая за «Мышеловкой» сцена — разговор Гамлета с Гертрудой в покоях королевы — начинается с того же события, на котором было прервано представление Гамлета, — с убийства. И не просто с убийства, а с убийства, которое совершает *племянник короля*. Но на сей раз убивает уже не актер в роли Луциана — племянника короля, а настоящий племянник короля — сам Гамлет. Получается, что в «Мышеловке» *ненастоящий племянник* Луциан убивает фальшивого короля — герцога Гонзаго в *ненастоящей жизни*, то есть в вымышленной художественной реальности. А в сцене в комнате королевы *настоящий племянник* Гамлет убивает фальшивого *короля* Полония в *настоящей жизни*.

После убийства Полония спектакль «Мышеловка» приобретает иное звучание: из театрального зеркала, отражавшего *прошлое* персонажей пьесы, представление оказывается зеркалом, которое показывает их *будущее*. Сцена диалога Актера-короля и Актера-королевы символически изображает не только *прошлое* предательство Гертруды, но и ее *будущую* измену. Ведь она предает и своего нового мужа. Выступая в метароли *актрисы* в спектакле *режиссера* Клавдия, поставленного им против Гамлета, Гертруда переходит на сторону своего сына — *режиссера-постановщика* Гамлета, соглашаясь играть в его метапьесе против Клавдия. «Что должна я делать?» (What shall I do? (III.4)) — спрашивает королева Гамлета. Так актриса обращается к режиссеру за наставлением о том, как ей играть полученную роль.

Перемена ролей во взаимоотношениях Гертруды и Гамлета находит отражение и в стилистической игре. Сначала королева обращается к сыну на «Вы» (you): «Вы позабыли, кто я?» Have you forgot me? (III.4). И сразу же, испугавшись Гамлета, Гертруда переходит на «ты»: «Что хочешь ты?» (What wilst thou do?) Гертруда переходит с Гамлетом на «ты» после убийства Полония: «Боже, что ты сделал?» (O me, what hast thou done?) Затем, полагая что Гамлет безумен: «Горе, он безумен!» (Alas, he's mad), поскольку он видит Призрака, которого не видит она, королева вновь обращается к сыну на «Вы»: «Ах, что с вами?» (Alas, how it's with you?) Разоблачая предательство матери, Гамлет призывает ее к раскаянию. И она вновь переходит с ним на «ты»: «Ты рассек мне сердце» (thou hast cleft my heart in twain). В итоге Гертруда — *актриса* в «метапьесе» *автора-драматурга* Клавдия — переходит на сторону *автора-драматурга* Гамлета, соглашаясь играть в его «театре».

Пантомима, в которой Офелия увидела отражение событий своей *прошлой жизни* (измену своему возлюбленному Гамлету), отражает и ее *будущую судьбу*: она «изменит» и любимому брату, Лаэрту, доставив ему страдания своим самоубийством. Наконец, сцена отравления короля в «Мышеловке» изображает не только *прошлое преступление* Клавдия (убийство им старого

Гамлета), но и оказывается скрытым предвестием его *будущего наказания* — мести племянника за убийство отца.

Пролог

В театральном зеркале «Мышеловки» Гамлет, как и другие персонажи, тоже обретает свое отражение — мстителя и убийцы. Ведь он выступает не только в роли автора-драматурга и режиссера-постановщика, но и в роли зрителя собственного спектакля. А как зритель, по закону шекспировской драмы, он, естественно, тоже должен обрести в «Мышеловке» своего театрального «двойника». Если Офелия вопрошает о пантомиме, Гертруда недоверчива к уверениям Актера-королевы, а Клавдий прерывает спектакль после комментария Гамлета к сцене отравления, то сам Гамлет реагирует на пролог. Гамлета поражает краткость пролога, который актер-Пролог исполняет после пантомимы:

Pro. For us and for our tragedy,
Here stooping to your clemency,
We beg your hearing patiently.
[Exit.]
Ham. Is this a prologue, or the posy of a ring? (III.2.95—97)

Пролог. Пред нашим представлением
Мы просим со смирением
Нас подарить терпением.
(Уходит.)
Гамлет. Что это: пролог или стихи для перстня?

Пролог столь краток, что кажется, будто в нем вообще нет никакого смысла, кроме традиционного приглашения посмотреть пьесу. Но такова природа поэтики театральности

Шекспира, что все бессмыслицы у него, как и «безумие» его главного героя Гамлета, по меткому замечанию Полония, имеют свой «метод» (method). В драматической конструкции Пролог и есть то театральное зеркало, в котором отражена судьба самого принца. Обратим внимание на последние слова в каждой строке пролога: «трагедия, милосердие, терпение» (tragedy, clemency, patiently). В символическом смысле в этих словах слышен отголосок событий в жизни Гамлета. Трагедия — смерть отца. Милосердие — в отношениях с матерью. Терпение — к невзгодам, посланным судьбой.

Пьеса кончается тем, что Горацио собирается рассказать «незнающему свету» о произошедшей трагедии.

Hor. And let me speak to the yet unknowing world
How these things came about: so shall you hear
Of carnal, bloody, and unnatural acts,
Of accidental judgements, casual slaughters;
Of deaths put on by cunning and forc'd cause,
And, in this upshot, purposes mistook
Fall'n on the inventors' heads; all this can I
Truly deliver (V.2.328—335).

Горацио. И я скажу незнающему свету,
Как все произошло; то будет повесть
Бесчеловечных и кровавых дел,
Случайных кар, негаданных убийств,
Смертей, в нужде подстроенных лукавством,
И, наконец, коварных козней, павших
На головы зачинщиков. Все это
Я изложу вам.

Слова Горацио, по существу, представляют собой *пролог*, экспозицию к новому спектаклю, но не в начале пьесы, а в финале.

Конец трагедии возвращает нас к ее началу. Трагедия Гамлета становится прологом к исторической драме Нового времени.

Театр Клавдия

В ответ на «Мышеловку» *режиссера-постановщика* Гамлета, состоящую из **трех актов** (пантомима, диалог Актера-Короля с Актером-Королевой и монолог Луциана), *автор-драматург и режиссер-постановщик* Клавдий ставит свою метапьесу или «спектакль в спектакле». Представление Клавдия, как и представление Гамлета, условно разделено на **три акта.** **Первый акт** состоит из двух сцен с участием Полония, Офелии и Гертруды, выступающих в метароли актеров в театре Клавдия. Во **втором акте** заняты *актеры* Гильденстерн и Розенкранц. Наконец, в **третьем акте** — сцене «поединка» или «дуэли» — главную метароль *актера* играет Лаэрт.

В **первом акте** своего спектакля Клавдий, выступающий в роли *автора-драматурга и режиссера-постановщика*, поручает своему *актеру* Полонию «дознаться» о причинах странного поведения Гамлета. На вопрос короля: «Как же нам дознаться?» (How may we try it further? (II.2.159) — Полоний, возлагая на себя обязанности *помощника режиссера и соавтора*, предлагает Клавдию театральный сценарий, в котором главную *роль шпиона* сыграет его дочь Офелия. Себе самому и королю Полоний отводит *роль невидимых зрителей*, соглядатаев:

Pol. You know sometimes he walks four hours together
Here in the lobby.
Queen. So he does indeed.
Pol. At such a time I'll loose my daughter to him;
Be you and I behind an arras then;
Mark the encounter; if he love her not,

And be not from his reason fallen thereon,
Let me be no assistant for a state, But keep a farm, and carters
(II. 2.172—180).

Полоний. Вы знаете, он иногда часами
Гуляет здесь по галерее.
Королева. Да.
Полоний. В такой вот час к нему я вышлю дочь;
Мы с вами станем за ковром; посмотрим
Их встречу; если он ее не любит
И не от этого сошел с ума,
То место мне не при делах правленья,
А у телег, на мызе.

Далее Полоний в *роли режиссера* репетирует с дочерью:

Pol. Ophelia, walk you here. Gracious, so please you,
We will bestow ourselves. [To Ophelia.] Read on this book;
That show of such an exercise may colour
Your loneliness. We are oft to blame in this,
'Tis too much prov'd, that with devotion's visage
And pious action we do sugar o'er
The devil himself (III.1.50—57).

Полоний. Ты здесь гуляй, Офелия. — Пресветлый,
Мы скроемся.
(Офелии.)
Читай по этой книге,
Дабы таким занятием прикрасить
Уединенье. В этом все мы грешны, —
Доказано, что набожным лицом
И постным видом мы и черта можем
Обсахарить.

Слова «гуляй», «читай» (walk, read) есть не что иное, как *сценические ремарки*, вмонтированные в основной текст пьесы (метатекст в тексте). Здесь Полоний выступает уже в *роли автора-драматурга* и сочиняет *текстовый сценарий пантомимы*, которую Офелия должна разыграть перед Гамлетом. Полоний по-отечески наставляет дочь-актрису, как «набожным лицом» (devotion's visage) и «постным видом» (pious action) скрыть ложь под маской правды.

Ложь в обличье правды становится театральным кредо *автора-драматурга* Клавдия и его *соавтора* Полония. В задуманной ими метапьесе они выступают в роли *незримых зрителей,* «видящих невидимое», подсматривающих и подслушивающих разговор Гамлета с Офелией. В сцене с Полонием (II.2) Гамлет играет роль *мнимого сумасшедшего.* Называя собеседника «торговцем рыбой» (fishmonger), принц делает вид, будто не узнает его.

Между тем Гамлет, разыгрывающий сумасшествие, на самом деле вкладывает глубокий смысл во внешнюю бессмыслицу. В этой сцене сталкиваются две «метапьесы». Одну Полоний ставит для Гамлета, а другую — Гамлет для Полония. Гамлету удается разгадать театральный замысел *автора-соперника* и, *импровизируя* внутри предложенного ему Полонием сценария, он заставляет того поверить в свое безумие.

Импровизатор

Из невольного *актера-марионетки* в спектакле Полония импровизатор Гамлет превращается в сознательного *автора-драматурга* и *режиссера-постановщика* этой сцены, заставляя Полония играть *роль актера-марионетки* уже по своему сценарию. В символическом смысле Полоний становится персонажем кукольного театра Гамлета.

Происходящую инверсию ролей можно представить формулой: «А» (Полоний в роли режиссера) выступает перед «В» (Гамлетом) в роли «С» (обычного человека). «В» (Гамлет) начинает выступать перед «А» (Полонием-режиссером) в роли «А» (режиссера). «А» (Полоний-режиссер) превращается в «В» (актера-марионетку). «В» (Гамлет) превращается в «А» (режиссера). Инверсия ролей происходит при драматическом столкновении текста одного сценария с текстом другого сценария в результате *импровизации*, когда персонаж (Гамлет) неожиданно выходит за рамки предписанной ему в чужом сценарии роли.

Поэтика театрального образа у Шекспира основана на том, что персонаж кроме своей основной роли (текст) одновременно играет и метароль (метатекст). Роль и метароль соединены в тексте игровым действием «А выступает в роли В». Конфликт между персонажами возникает в результате столкновения роли одного персонажа с метаролью другого персонажа. Это взаимодействие приводит к инверсии их ролей. Столкновение «текстов-ролей» (то есть основной роли с метаролью) может происходить и внутри роли одного персонажа.

Роль Гамлета как *художника* (автора-драматурга) вступает в столкновение с ролью Гамлета как *мстителя*. Трагедийность его образа строится на том, что свой художественный гений он направляет не на создание воображаемой реальности (театра), а на преобразование реальности жизни (месть за смерть отца). Критики давно заметили, что в попытке изменить мир Гамлет «сценически воплощает образы всех других своих партнеров по пьесе»[67]. Предлагалась и «карнавальная» трактовка его образа: «Гамлет» — это самая смеховая и метатеатральная трагедия <...>. Карнавальность в «Гамлете» связана с тем, что вертикальное движение трагической формы соединяется

---

[67] Ross T.H. Hamlet: Dramatist // Five Studies in Literature. — London, 1940. — P. 6.

с горизонтальным континуумом карнавала, что создает «двойное видение»[68].

Актер-импровизатор Гамлет разгадывает театральный замысел не только *авторов-драматургов* Клавдия и Полония, но и замысел Офелии, выступающей в метароли *актрисы* в их пьесе. Офелии не удается скрыть от Гамлета коварный замысел спектакля-ловушки. Гамлет заставляет поверить в реальность своего сумасшествия не только Полония, но и Офелию: «О, что за гордый ум сражен!» (O, what a noble mind is here o'erthrown! II.1) — восклицает Офелия, видящая лишь «видимость», театральную игру Гамлета, которую она принимает за реальность. Здесь снова происходит инверсия ролей: Офелия, сознательно играющая метароль *актрисы* в театре Клавдия и Полония, становится невольной *актрисой-марионеткой* в театре Гамлета.

Первый акт спектакля Клавдия, начавшийся при участии Полония и Офелии, заканчивается сценой разговора Гамлета с Гертрудой в ее комнате. Здесь Полоний не только играет метароль *автора-драматурга и режиссера-постановщика*, но выступает и как *актер*. В роли *незримого зрителя*, «соглядатая» он намерен подслушать разговор матери с сыном, скрывшись за ковром. Полоний излагает свой режиссерский замысел драматургу Клавдию:

> *Pol.* My lord, he's going to his mother's closet:
> Behind the arras I'll convey myself
> To hear the process; I'll warrant she'll tax him home;
> And, as you said, and wisely was it said,
> 'Tis meet that some more audience than a mother,
> Since nature makes them partial, should o'er-hear
> The speech of vantage (III.3.32—38).

[68] Gorfain, Ph. Toward a Theory of Play and the Carnivalesque in Hamlet // Hamlet Studies. — 1991. — Vol. 13. — P. 27—28.

Полоний. Мой государь, он к матери пошел;
Я спрячусь за ковром, чтоб слышать все;
Ручаюсь вам, она его приструнит;
Как вы сказали — и сказали мудро, —
Желательно, чтоб кто-нибудь другой,
Не только мать — природа в них пристрастна, —
Внимал ему.

В буквальном переводе последние строки звучат так: «желательно, чтоб больше зрителей (some more audience), а не только мать <...> слышали его монолог (speech)». В своих театральных постановках *драматург* Клавдий использует прием «подглядывания», «слежки» за своим *приемным сыном* Гамлетом. Тот же прием применяет и *драматург* Полоний, сочиняя сценарий слежки за своим *родным сыном* Лаэртом. В роли *режиссера* Полоний наставляет своего слугу Рейнальдо, предлагая ему *роль шпиона-соглядатая*:

Pol. You shall do marvellous wisely, good Reynaldo,
Before you visit him, to make inquire
Of his behaviour (II.1.3—7).

Полоний. Ты поступишь мудро,
Рейнальдо, ежели до встречи с ним
Поразузнаешь, как себя ведет он.

Отношения *автора-драматурга* Призрака и *актера* Гамлета удваиваются отношениями *автора-драматурга* Клавдия и *актера* Полония. Но Полоний не просто становится *актером*, играющим в пьесе Клавдия *роль соглядатая*, который шпионит за Гамлетом, но и сам становится *автором-драматургом* пьесы, в которой *роль соглядатая*, шпионящего за его сыном Лаэртом, он отводит Рейнальдо (II, 1). Основная роль

Полония, обозначенная как роль *канцлера* в пьесе драматурга Шекспира, *раздваивается* внутри пьесы на роль *актера* в пьесе *драматурга* Клавдия и на роль *автора* собственной побочной метапьесы.

Полоний, выступающий в роли *режиссера*, предлагает Гертруде сыграть роль *актрисы* в пьесе *автора-драматурга* Клавдия. Местом действия он выбирает ее комнату (closet). Ковер, за которым намерен спрятаться Полоний, дабы тайно подслушать разговор матери с Гамлетом, назван в тексте словом «arras». В театре эпохи Шекспира это слово обозначало специальный занавес, кулису, отделявшую основную сцену от задней. Свои закулисные театральные игры Полоний в буквальном смысле ведет в закулисье, в задней части сцены.

И разговаривает Полоний с Гертрудой так, как режиссер разговаривает с актрисой, *репетирующий* новую постановку.

Pol. He will come straight. Look you lay home to him;
Tell him his pranks have been too broad to bear with,
And that your Grace hath screen'd and stood between
Much heat and him. I'll silence me e'en here.
Pray you, be round with him.
Ham. [*Within.*]
Mother, mother, mother! (III.4.3—8).

Полоний. Сейчас придет он. Будьте с ним построже;
Скажите, что он слишком дерзко шутит,
Что вы его спасли, став между ним
И грозным гневом. Я укроюсь тут.
Прошу вас, будьте круты.
Гамлет. Мать, мать, мать!

Репетируя с Гертрудой предстоящую сцену, *режиссер* Полоний копирует действия *режиссера* Гамлета, который репетирует сцену монолога с актером из труппы столичных трагиков. Однако королева проваливает роль, предписанную ей в сценарии *драматурга* Клавдия и его *соавтора* Полония. Она не выдерживает, когда Гамлет ставит перед ней символическое театральное зеркало, в котором он — снова в *роли хора-комментатора* — показывает матери ее истинное лицо:

Ham. Come, come, and sit you down; you shall not budge;
You go not, till I set you up a glass
Where you may see the inmost part of you (III.4.24—26).

Гамлет. Нет, сядьте; вы отсюда не уйдете,
Пока я в зеркале не покажу вам
Все сокровеннейшее, что в вас есть.

Ужаснувшись своим отражением в театральном зеркале Гамлета, Гертруда *прерывает* спектакль криком:

Queen. What wilt thou do? thou wilt not murder me?
Help, help, ho! (III.4.27—28).

Королева. Что хочешь ты? Меня убить ты хочешь?
О, помогите!

Точно так же и Клавдий *прерывает* «Мышеловку» Гамлета, увидев в *зеркале* (mirror) театра изображение (image) убийства, совершаемого племянником короля Луцианом, а в символическом смысле — свою будущую гибель от руки своего племянника Гамлета.

Шекспир удваивает театральную реальность не только с помощью метафоры зеркала, но и за счет приема отступления: он *прерывает* действие, чтобы потом продолжить его с того же события, на котором оно было прервано. Развитие действия через *ритмически организованную систему отступлений* играет важнейшую роль в поэтике театральности Шекспира. Пьеса неожиданно прерывается посторонним ходом, внешне не связанным с действием. Призрак *прерывает* разговор офицеров, охраняющих королевский замок. Полоний *дважды прерывает* чтение монолога Первым актером. Разговор Гамлета и Гертруды тоже *прерывается дважды*. Сначала Полонием, потом Призраком. В обоих случаях *действие прерывается*, когда Гамлет ведет себя слишком агрессивно по отношению к матери и она чувствует угрозу своей жизни. *Прерывается* и сцена поединка между Гамлетом и Лаэртом в последнем акте — сначала королем: «Разнять! Они забылись» (Part them; they are incensed. (V.2.306)), когда противники меняются рапирами и Лаэрту грозит опасность погибнуть от отравленного оружия, предназначенного для Гамлета. Затем действие *прерывает* Гертруда. Выпивая отравленное вино, предназначенное для Гамлета, она перед смертью предупреждает сына об опасности: «О Гамлет мой, питье! Я отравилась» (O my dear Hamlet! The drink, the drink! I am poison'd (V.2.315—316)). Сцене финального поединка предшествует схватка между Гамлетом и Лаэртом у могилы Офелии (V.1). Эта сцена схватки тоже *прерывается дважды*. Сначала королем, все той же его репликой: «Разнять их!» (Part them!), а потом королевой: «Гамлет, Гамлет!» (Hamlet, Hamlet!) *Дважды прерывается* и «Мышеловка». Сначала репликой Офелии: «Король встает!» (The king rises! (III.2.259)), потом Полонием: «Прекратите игру!» (Give o'er the play! (III.2.262)) — в момент опасности для Клавдия.

Действие каждый раз прерывается *дважды* двумя персонажами. Шекспир как бы делает *отступление*, после чего действие продолжается дальше. Отступления, связанные с прерыванием действия, образуют вторую, подспудную художественную реальность в развитии сюжета. В образном смысле вся трагедия «Гамлет» — это одно большое *отступление*, отделяющее намерение Гамлета отомстить за убийство отца от исполнения им этого намерения. Прерывание действия, удваивающее художественную реальность, связано с образом *театрального зеркала*.

Итак, Гертруда зовет на помощь, тем самым *прерывая* действие. Вслед за ней Полоний кричит из-за ковра: «Эй, люди! Помогите, помогите!» (What ho! Help! (III.4.22)), чем выдает свое присутствие в комнате. Гамлет со словами: «Что? Крыса?» (How now? A rat! (III.4.23)), обнажает шпагу и со словами: «Ставлю золотой, — мертва!» (Dead for a ducat, dead), пронзает ею прячущегося за ковром Полония, ошибочно принимая его за короля.

На студенческой сцене *актер* Полоний играл *роль Цезаря*, убитого Брутом. Сыгранная Полонием в университетском театре смерть Цезаря оказывается предвестием его собственной смерти. Его *роль императора (короля)* в театре трансформируется в *роль жертвы* в сценарии его реальной жизни. Гамлет убивает «фальшивого короля», приняв его за настоящего.

Фальшивый король

Сцена разговора Гамлета с Гертрудой — первый акт спектакля, поставленного Клавдием, — известна в шекспироведении как «closet scene» (III.4). В течение многих десятилетий она вызывает споры среди критиков и постановщиков. На первый взгляд Шекспир явно нарушает в этой сцене принцип правдоподобия. Действительно, как объяснить, что появляющийся в действии Призрак оказывается для Гамлета вполне реальной фигурой, которая даже заговаривает с ним, а Гертруда, находящаяся в той же комнате, не видит никакого Призрака? «Что ты глаза вперяешь в пустоту / И бестелесный воздух вопрошаешь? <...> Что ты видишь? <...> С кем ты беседуешь?» — спрашивает Гертруда сына. Она уверена, что Гамлет и впрямь безумен, а Призрак, с которым он разговаривает, есть «созданье его же мозга». Однако и зрителю, и читателю, и некоторым персонажам пьесы, в том числе Горацио, известно из слов самого же Гамлета, что он вовсе не сумасшедший, а лишь притворяется безумным. Мнение Гертруды (разделяемое некоторыми шекспироведами), что Гамлет видит Призрака вследствие своего психического расстройства, ничего не объясняет. Ведь до этого Призрака видели Горацио, Марцелл и Бернардо, чье психическое состояние никогда не вызывало сомнений у шекспироведов. В сцене в комнате королевы Призрак принимает участие как совершенно *реальное действующее лицо*. У него есть свой текст, который он произносит: «Не забывай, я посетил тебя / Чтоб заострить притупленную волю», — сообщает Призрак Гамлету.

То обстоятельство, что Гамлет видит Призрака, в то время как Гертруда не видит его, есть не что иное, как театральный прием, основанный на игровом мотиве «видения-невидения». Вспомним, что и Горацио поначалу считает рассказ о явлении Призрака, которого видели стражники, их фантазией: «*Марцелл.* Горацио считает это / Нашей фантазией, и в жуткое виденье, / Представшее нам дважды, он не верит» (I.1). А в другой сцене Гамлет восклицает: «Отец!.. Мне кажется, его я вижу», — на что удивленный Горацио, не видящий никакого отца Гамлета, спрашивает: «Где, принц?» — и получает метафорический ответ: «В очах моей души, Горацио!» (I.2). Сцена, в которой Гамлет видит своего отца, а Горацио не видит его, обратно симметрична по смыслу сцене в комнате королевы, где Гамлет видит Призрака, а Гертруда — не видит. В первом случае образ отца предстает перед Гамлетом в его воображении (в очах души), во втором случае Призрак является на сцену в буквальном смысле. Тот же композиционный прием использован в «Мышеловке», когда Клавдий «не видит» пантомиму, изображающую убийство, в то время как Офелия видит ее.

Для понимания театрального построения сцены разговора Гамлета с матерью попробуем разобраться с количеством участвующих в ней персонажей. Кроме Гамлета и Гертруды, находящихся в комнате, за портьерой скрывается Полоний, который подслушивает их разговор. Позже в сцене появляется Призрак. Гамлет включает в действие еще двух символических персонажей: своего отца, старого короля Гамлета, и короля Клавдия — в виде их портретов (pictures), поставленных на сцене. Гамлет указывает на эти портреты, обращаясь к матери: «Взгляните, вот портрет, и вот другой, / Искусные подобия двух братьев» (Ham. Look here, upon this picture and on this, / The counterfeit presentment of two brothers (III.4)). В портретах двух королей, в этих метафорических (и вместе с тем абсолютно вещественных, ведь портреты — элемент сценического реквизита) театральных зеркалах, поставленных Гамлетом перед Гертрудой, отражаются истинные лица двух ее мужей: прежнего и нынешнего — благородного рыцаря и подлого злодея.

Ham. Look here, upon this picture, and on this;
The counterfeit presentment of two brothers.
See, what a grace was seated on this brow;
Hyperion's curls, the front of Jove himself,
An eye like Mars, to threaten and command,
A station like the herald Mercury
New-lighted on a heaven-kissing hill,
A combination and a form indeed,
Where every god did seem to set his seal,
To give the world assurance of a man.
This was your husband: look you now, what follows.
Here is your husband; like a mildew'd ear,
Blasting his wholesome brother. Have you eyes? (III.4.63—75).

Гамлет. Взгляните, вот портрет, и вот другой,

Искусные подобия двух братьев.

Как несравненна прелесть этих черт;

Чело Зевеса; кудри Аполлона;

Взор, как у Марса, — властная гроза;

Осанкою — то сам гонец Меркурий

На небом лобызаемой скале;

Поистине такое сочетанье,

Где каждый бог вдавил свою печать,

Чтоб дать вселенной образ человека.

Он был ваш муж. Теперь смотрите дальше.

Вот ваш супруг, как ржавый колос, насмерть

Сразивший брата. Есть у вас глаза?

С такой горы пойти в таком болоте

Искать свой корм! О, есть у вас глаза?

В сцене фактически принимают участие шесть персонажей. Каждый из них в рамках метасюжета пьесы принадлежит к одной из двух противоборствующих «театральных трупп» — Гамлета и Клавдия:

Гамлет — Гертруда;

Призрак — Полоний;

Старый Гамлет — Клавдий.

Призрак и Полоний выступают в метароли реальных *театральных дублеров* двух фигур на портретах — старого Гамлета и Клавдия. При этом если *неживые* фигуры королей на портретах как бы *оживают* перед зрителем в рассказе Гамлета, то их живые театральные дублеры, реальные персонажи пьесы — Призрак и Полоний — символизируют соответственно «живую смерть» и «мертвую жизнь».

Гамлет не видит Полония, поскольку тот скрыт от него занавесом, портьерой. Гертруда не видит Полония лишь в буквальном смысле, поскольку прекрасно знает, что он подслушивает ее разговор с сыном. Гамлет убивает Полония, путая его с Клавдием, поскольку физически не может видеть лицо человека, прячущегося за портьерой. Гертруда же «путает» двух своих мужей, старого Гамлета и Клавдия, по причине нравственной слепоты, *неведения* разницы между благородством и злодейством. Гамлет и Гертруда по-разному видят мир. Они не только *видят*, но и *слышат* по-разному. Сцена в комнате королевы начинается с обмена репликами между королевой и Гамлетом:

Queen. Hamlet, thou hast thy father much offended.
Ham. Mother, you have my father much offended.
Queen. Come, come, you answer with an idle tongue.
Ham. Go, go, you question with a wicked tongue.
Queen. Why, how now, Hamlet!
Ham. What's the matter now? (III.4.13—18)

Королева. Сын, твой отец тобой обижен тяжко.
Гамлет. Мать, мой отец обижен вами тяжко.
Королева. Не отвечайте праздным языком.
Гамлет. Не вопрошайте грешным языком.
Королева. Что это значит, Гамлет?
Гамлет. Что вам надо?

Реплики Гамлета, как эхо, зеркально отражают реплики Гертруды. В «Мышеловке» Гамлет ставит перед Клавдием театральное зеркало для зрительного восприятия. Увидев в нем отражение своего преступления, король содрогнулся. Перед Гертрудой Гамлет ставит театральное зеркало для слухового восприятия. Услышав в нем отзвук своего грехопадения, она, по замыслу Гамлета, должна испытать ужас.

Гертруда видит то, чего не видит Гамлет, — Полония. Гамлет видит то, чего не видит Гертруда, — Призрака. Структурный мотив видения-невидения лежит в основе всей пьесы. В «Мышеловке» Клавдий видит, «узнает себя» в сценическом убийце — Луциане, в то время как Гамлет «не видит», «не узнает себя» в Луциане. А ведь образ убийцы, Луциана, племянника короля, — это «зеркало», поставленное Шекспиром перед Гамлетом, в котором отражается его образ как будущего убийцы. В «Мышеловке» Клавдий и старый Гамлет «оживают» в сценических образах Луциана и Гонзаго. В комнате Гертруды портреты двух королей — Клавдия и старого Гамлета — в символическом смысле «оживают» в Полонии и Призраке. Прошлое, воплощенное в фигуре Призрака, вторгается в настоящее. Настоящее, воплощенное в фигуре Клавдия, которого подменяет «фальшивый король» Полоний, уходит в прошлое. Живой Клавдий, незаконно занявший престол, — тоже «фальшивый король», гибнет в Полонии. Мертвый старый Гамлет — «настоящий» король, оживает в Призраке. Если в спектакле Гамлета «Мышеловка» убийство совершается на сцене, в театральной реальности, то в спектакле Шекспира (сцена в комнате Гертруды) убийство происходит в «жизни», в другой художественной реальности. Продолжая прерванный королем спектакль Гамлета в комнате королевы, Шекспир меняет смысл «Мышеловки», которая, как было показано выше, из театрального зеркала, отражающего прошлое, становится зеркалом, показывающим будущее.

Пьесу пронизывает мотив двойничества, связанный с образом театрального зеркала. Превратив Гамлета в убийцу Полония, отца Лаэрта, Шекспир делает его полным «двойником» Клавдия, который убивает чужого *отца* и своего *брата* (старого Гамлета), *сына* (Гамлет — «приемный» сын), а также становится невольным виновником смерти своей *жены* (Гертруды). Гамлет убивает трех «фальшивых королей»: сначала

Полония, потом Лаэрта, которого датчане избрали королем («Лаэрт, будь королем! Лаэрт король!» — *Mess.* Laertes shall be king, Laertes king! (IV. 5.108)), и, наконец, Клавдия, незаконно занявшего престол. При этом Гамлет, как и Клавдий, убивает чужого *отца* — Полония, *сына* — Лаэрта, а в символическом смысле — и своего *брата*. «Я стрелу пустил над кровлей / И ранил брата» (*Нат.* <...> that I have shot my arrow o'er the house, And hurt my brother (V.2.238—239)), — говорит Гамлет перед поединком с Лаэртом. Наконец, Гамлет оказывается невольным виновником смерти как своей *возлюбленной* Офелии, так и *матери*, которая случайно выпивает отравленное вино.

Актеры и марионетки

Итак, **первый акт** спектакля, который сочинил *автор-драматург* Клавдий и поставил его лакей, *помреж* Полоний, завершается фарсом, инверсией первоначального замысла. Вместо короля гибнет «жалкий, суетливый шут» (wretched, rash, intruding fool (III.4.1)). Метапьеса короля проваливается в результате прерывания действия *импровизацией* актеров: из-за того, что *актеры* (Гамлет и Гертруда) отходят от написанного для них сценария и неожиданно произносят со сцены «отсебятину».

Импровизация актеров на театральной сцене приводит к гибели персонажа (Полония) в реальной жизни. В «мышеловку», поставленную Полонием для Гамлета, попадает сам Полоний. На импровизацию, как на одну из главных особенностей действий Гамлета, обратил внимание Иннокентий Анненский: «Гамлет — актер, но на свой лад, *актер-импровизатор*»[69]. Об импровизации как об одном из способов соединения текстов разных уровней говорит другой исследователь:

---

[69] Анненский И. Проблема Гамлета // Анненский И. Книга отражений. — М., 1976. — С. 166.

«Действие, сценарий и актер оказываются в неразрывной связи <...>, "сценарность" и "импровизация" соединяются на сцене»[70].

Во **втором акте** своего спектакля — очередной театральной «мышеловки» для Гамлета — *автор-драматург* Клавдий занимает в качестве *актеров* Розенкранца и Гильденстерна, бывших студенческих друзей принца. Клавдий предлагает им следующий сценарий: *играя самих себя*, то есть близких друзей юности, они должны дознаться, в чем причина «преображения» или, в буквальном смысле, «превращения» (transformation) Гамлета. Гамлет разгадывает замысел Клавдия. Ему удается скрыть от Розенкранца и Гильденстерна свою тайну, о чем последний и сообщает королю:

Giuld. Nor do we find him forward to be sounded,
But, with a crafty madness, keeps aloof,
Then we would bring him on to some confession (III.1.9—11).

Гильденстерн. Расспрашивать себя он не дает
И с хитростью безумства ускользает,
Чуть мы хотим склонить его к признанью
О нем самом.

Спектакль «Мышеловка» убеждает Клавдия, что Гамлету известно о его преступлении, и что ему, королю, грозит опасность от племянника. Король принимает решение покончить с принцем и отправляет его в Англию в сопровождении Розенкранца и Гильденстерна. Им он доверяет «послание» (commission), по существу, тоже *театральный сценарий*, согласно которому принц должен быть казнен по прибытии в Англию.

---

[70] Goldman M. Hamlet: Entering the Text // Theatre Journal. — 1992. — Vol. 44. — P. 449—450.

King. I like him not, nor stands it safe with us
To let his madness range. Therefore prepare you;
I your commission will forthwith dispatch,
And he to England shall along with you.
The terms of our estate may not endure
Hazard so dangerous as doth hourly grow
Out of his lunacies (III.3.3—9).

Король. Он ненавистен мне, да и нельзя.
Давать простор безумству. Приготовьтесь;
Я вас снабжу немедля полномочьем,
И вместе с вами он отбудет в Англию;
Наш сан не может потерпеть соседство
Опасности, которую всечасно
Грозит нам бред его.

Драматургический замысел Клавдия снова проваливается. Вместо того чтобы играть *роль марионетки* в пьесе короля, Гамлет опять *импровизирует* и в буквальном смысле *переписывает* сценарий короля. По дороге в Англию он находит «послание» короля и подменяет его — *пишет текст* «нового послания» (new commission) таким образом, что казнен будет уже не он, а *другие актеры* в подлой пьесе короля — Гильденстерн и Розенкранц. В результате взаимодействия разных художественных реальностей, воплощенных в двух *текстах* (письме Клавдия и переписанном заново письме Гамлета), возникает трагическая ситуация. Гильденстерн и Розенкранц неожиданно из *сознательных актеров* в пьесе короля становятся ничего не подозревающими *марионетками* в «чужом» тексте — в письме-сценарии, написанном *драматургом* Гамлетом. Ловушка для Гамлета оборачивается ловушкой для ее авторов.

Ham. There's letters seal'd; and my two schoolfellows,

Whom I will trust as I will adders fang'd,

They bear the mandate; they must sweep my way,

And marshal me to knavery. Let it work,

For 'tis the sport to have the enginer

Hoist with his own petar: and it shall go hard

But I will delve one yard below their mines,

And blow them at the moon. O! 'tis most sweet,

When in one line two crafts directly meet (III.4.224—232).

Гамлет. Готовят письма; два моих собрата,

Которым я, как двум гадюкам, верю,

Везут приказ; они должны расчистить

Дорогу к западне. Ну что ж, пускай;

В том и забава, чтобы землекопа

Взорвать его же миной; плохо будет,

Коль я не вроюсь глубже их аршином,

Чтоб их пустить к луне; есть прелесть в том,

Когда две хитрости столкнутся лбом!

Гильденстерн и Розенкранц гибнут. Их казнят в соответствии с театральным сценарием, написанном Гамлетом. *Переписывая текст* послания Клавдия, Гамлет, по существу, делает *добавление* в несколько строк к пьесе короля, так же, как он ранее сделал *добавление* в «дюжину или шестнадцать строк» к старой итальянской пьесе «Убийство Гонзаго». Гамлет говорит о столкновении «двух замыслов» — «two crafts» в «одной строке» — «in one line». Он употребляет то же самое слово «строка», как и в сцене с актерами, где он говорит о «дюжине или шестнадцати строках». Снова, как и в «Убийстве Гонзаго», Гамлет выступает в роли *автора-драматурга*. Переписывая текст готовой пьесы, написанной королем, он создает свою собственную метапьесу. С другим, прямо противоположным первоначальному, смыслом.

Ham. Being thus be-netted round with villanies, —
Ere I could make a prologue to my brains
They had begun the play,—I sat me down,
Devis'd a new commission, wrote it fair;
I once did hold it, as our statists do,
A baseness to write fair, and labour'd much
How to forget that learning; but, sir, now
It did me yeoman's service. Wilt thou know
The effect of what I wrote?

Гамлет. Итак, кругом опутан негодяйством, —
Мой ум не сочинил еще пролога,
Как приступил к игре, — я сел, составил
Другой приказ; переписал красиво;
Когда-то я считал, как наша знать,
Стыдом писать красиво и старался
Забыть искусство это; но теперь
Оно мне удружило. Хочешь знать,
Что написал я?

Процесс *переписывания* Гамлетом готовых текстов представляет собой «вторжение в текст, что свидетельствует о неустойчивости самого текста пьесы»[71], который по ходу действия претерпевает изменения за счет изменений и добавлений. Переписывая пьесу Клавдия, то есть его послание с приказом казнить принца, Гамлет думает о написании *пролога* (prologue). А переделывая пьесу «Убийство Гонзаго», он задумывает дописать *монолог*.

---

[71] Goldman M. Op. cit. — P. 453.

Заключительный, **третий акт** спектакля Клавдия представляет собой сцену поединка между Гамлетом и Лаэртом. *Роль мстящего сына* в ней по сценарию *автора-драматурга* Клавдия отведена *актеру* Лаэрту. По замыслу короля Гамлет — *убийца отца* Лаэрта, Полония, — должен быть убит его сыном — Лаэртом.

King. Let's further think of this;
Weigh what convenience both of time and means
May fit us to our shape. If this should fail,
And that our drift look through our bad performance
'Twere better not assay'd; therefore this project
Should have a back or second, that might hold,
If this should blast in proof. Soft! let me see (IV.7.163—169).

Король. Все это надо взвесить;
Когда и как мы действовать должны.
Коль так не выйдет и затея наша
Проглянет сквозь неловкую игру,
Нельзя и начинать; наш замысел надо
Скрепить другим, который устоял бы, —
Коли взорвется этот. — Дай подумать!..

Король, образно говоря, *пишет* сценарий сцены с «кубком» — с отравленным питьем для Гамлета. Под видом *игры* в честный рыцарский поединок *автор-драматург* Клавдий намерен скрыть истинную цель инсценировки — *реальное убийство* Гамлета с помощью яда, которым смазана рапира Лаэрта. На этот раз Клавдию удается осуществить свой план. Гамлет гибнет, но и король становится жертвой собственной интриги. Театральный сценарий Клавдия, где Гамлету была предназначена *роль жертвы* мстящего сына, оборачивается событием реальной жизни, в которой *реальной жертвой* мстящего сына становится сам *автор-драматург* Клавдий. Преобразование театральной реальности в реальность жизни вновь происходит в результате *актерской импровизации* Гамлета.

Слова, слова, слова

Все действия Гамлета, выступающего в роли как *автора-драматурга,* так и в роли *режиссера-постановщика* (наставление друзьям после встречи с Призраком, разыгрывание роли мнимого сумасшедшего, постановка «Мышеловки», разговор с Гертрудой) направлены на *постижение истины* с помощью театрального искусства. Все действия Клавдия как *автора-драматурга и режиссера-постановщика* направлены на *сокрытие истины* с помощью театральной лжи. Театр Гамлета можно назвать театром Истины, а театр Клавдия — театром Лжи.

Режиссер Клавдий и *помреж* Полоний наставляют *актеров* своей труппы — Офелию, Гертруду (до перехода ее на сторону Гамлета), Лаэрта, Розенкранца и Гильденстерна, какие действия они *должны* разыграть и какие слова они *должны* произнести, дабы скрыть свое подлое намерение заманить Гамлета в «мышеловку». В противоположность режиссерским методам короля, *режиссер* Гамлет учит своих актеров — Марцелла и Горацио, бродячих трагиков, Гертруду (после ее перехода на сторону сына), какие действия они *не должны* разыгрывать и какие слова они *не должны* произносить. Гамлет призывает к молчанию. Правду можно только прошептать: «Мне надо сказать тебе на ухо слова, от которых ты онемеешь», — пишет он в письме Горацио («I have words to speak in thine ear will make you dumb» (IV.6.22—23)). На просьбу Призрака «помнить о нем» Гамлет отвечает:

Ham. Remember thee!
Ay, thou poor ghost, while memory holds a seat
In this distracted globe. Remember thee! (I.5.103—105).

Гамлет. Помнить о тебе?
Да, бедный дух, пока гнездится память
В несчастном этом шаре. О тебе?

Театр Клавдия призывает забыть о преступлении короля. Театр Гамлета оживляет память о его преступлении. Мотив памяти пронизывает всю пьесу. Гамлет становится живым символом «памяти» — о смерти отца и его убийце. Все метапьесы Гамлета — это напоминание.

Клавдий же хочет поскорее забыть о смерти старого короля:

King. Thought yet of Hamlet our dear brother's death
The memory be green, and that it us befitted
To bear our hearts in grief and our whole kingdom
To be contracted in one brow of woe,
Yet so far hath discretion fought with nature
That we with wisest sorrow think on him,
Together with remembrance of ourselves (I.2.3—9).

Король. Смерть нашего возлюбленного брата
Еще свежа, и подобает нам
Несть боль в сердцах и всей державе нашей
Нахмуриться одним челом печали,
Однако разум поборол природу,
И, с мудрой скорбью помня об умершем,
Мы помышляем также о себе.

Театр Клавдия — театр «раскрашенных слов» (painted words). Театр Гамлета — театр молчания (silence). Принц наставляет Горацио и Марцелла:

Ham. Here, as before, never, so help you mercy,
How strange or odd soe'er I bear myself,
As I perchance hereafter shall think meet
To put an antic disposition on,
That you, at such times seeing me, never shall,
With arms encumber'd thus, or this head-shake,
Or by pronouncing of some doubtful phrase,
As, 'Well, well, we know, or, 'We could, an if we would;
Or, 'If we list to speak, or, 'There be, an if they might;'
Or such ambiguous giving out, to note
That you know aught of me: this not to do,
So grace and mercy at your most need help you (I.5.191—203).

Гамлет. Клянитесь снова, — бог вам да поможет, —
Как странно бы себя я ни повел,
Затем что я сочту, быть может, нужным
В причуды облекаться иногда, —
Что вы не станете, со мною встретясь,
Ни скрещивать так руки, ни кивать,
Ни говорить двусмысленные речи,
Как: «Мы-то знаем», иль: «Когда б могли мы»,
Иль: «Если б мы хотели рассказать»,
Иль что-нибудь такое, намекая,
Что вам известно что-то; так не делать —
И в этом бог вам помоги в нужде —
Клянитесь.

Поучая друзей, как они *не должны себя вести и что не должны говорить,* Гамлет сам как режиссер, разъясняющий актерам роль, разыгрывает «запретные» действия и произносит «запретные» слова, например: «Well, well, we know» и т.д. На вопрос Гертруды: «What shall I do?» (III.4.201) — Гамлет отвечает:

Ham. Not this, by no means, that I bid you do:
Let the bloat king tempt you again to bed;
Pinch wanton on your cheek; call you his mouse;
And let him, for a pair of reechy kisses,
Or paddling in your neck with his damn'd fingers,
Make you to ravel all this matter out,
That I essentially am not in madness,
But mad in craft (III.4.202—209).

Гамлет. Отнюдь не то, что я сейчас сказал:
Пусть вас король к себе в постель заманит;
Щипнет за щечку; мышкой назовет;
А вы за грязный поцелуй, за ласку
Проклятых пальцев, гладящих вам шею,
Ему распутайте все это дело, —
Что вовсе не безумен я, а просто
Хитер безумно.

Принц вновь объясняет в своем рассказе (как *режиссер*, показывающий актрисе, как нужно играть) те «запретные» действия, которые Гертруда не должна совершать, и произносит те «запретные» слова, которые она не должна произносить перед королем. Гамлет *учит актеров молчать*, призывая к молчанию и самого себя: «Но тише!» (Soft you now! (III.1.87)), так заканчивается его монолог «To be or not to be» перед приходом Офелии. И Гамлет следует собственному призыву. Например, он разыгрывает молчаливое, бессловесное, немое действие — *пантомиму* для Офелии, которая воспроизводит ее содержание в своем *пересказе* для Полония: «He took me by the wrist, and held me hard» (II.1). Гамлет разыгрывает перед Офелией не просто пантомиму, но выступает в роли *глухонемого*, как и Призрак при своем первом появлении в пьесе (он не отвечает на призывы часовых, будто бы не слышит их). Пантомима принца кажется Полонию неестественной и странной, что только подчеркивает символический контраст между лживостью слов и правдивостью молчания, между говорящей немотой и немым многословием. Многословность Клавдия скрывает правду. Молчание Гамлета раскрывает правду. Оно содержит больше смысла, чем все «слова, слова, слова» датского двора. В отличие от Гамлета, играющего множество ролей, Клавдий исполняет в пьесе только одну роль — роль «благородного короля»[72]. С помощью лживых слов он изображает «отсутствие преступления», в то время как Гамлет и актеры его труппы с помощью бессловесных сцен (пантомима) играют «присутствие преступления». Произошла инфляция слова. Вот что говорит Гамлет о языке Озрика: «Его кошелек уже пуст. Все золотые слова истрачены» (*Нат.* His purse is empty already, all's golden words are spent (V.2.130)). В результате нарушения нормальной речевой деятельности (говорение — слушание) в Эльсиноре не «слушают» (hear), а «подслушивают» (overhear), что оправдывает введение в пьесу роли «шпиона» (spy). Рейнальдо шпионит за Лаэртом, Офелия, Розенкранц и Гильденстерн и Полоний — за Гамлетом.

Театр Офелии

В метароли *автора-драматурга, режиссера-постановщика* и *актрисы* выступает и Офелия. Потеряв рассудок после убийства своего отца, она по собственному сценарию *разыгрывает* сцену с раздачей цветов: «Для вас <...> для вас» (for you <...> for you

---

[72] Wilds L. Op. cit. — P. 176.

(IV.5.173—183)). Офелия как бы копирует здесь роль Гамлета как *автора-драматурга и режиссера-постановщика,* сочиняя и разыгрывая свою собственную пьесу: театр цветов для **трех персонажей-зрителей** — Лаэрта, Клавдия и Гертруды.

Как и «Мышеловка» Гамлета, предназначенная для трех персонажей — Офелии, Гертруды и Клавдия, постановка Офелии также условно распадается на **три акта**. В отличие от магического театрального зеркала Гамлета, которое отражает *как прошлое, так и будущее,* театральное зеркало Офелии выглядит *двумерным,* эмблематичным. Каждый цветок в ее театральном представлении (метапьесе) становится эмблемой, символом, связанным с образом и сюжетной линией того персонажа, которому этот цветок достается. **Первый акт** спектакля в спектакле Офелии предназначен для Лаэрта:

Oph. There's rosemary, that's for remembance — pray you, love, remember. And there's pansies, that's for thoughts (173—175).

Офелия. Вот розмарин, это для воспоминания; прошу вас, милый, помните; а вот троицын цвет, это для дум.

«Розмарин» (rosemary), согласно народному поверью, укрепляет память и, как отмечает комментатор, «ассоциировался с похоронами и памятью о мертвых»[73]. Офелия дает Лаэрту розмарин и буквально *повторяет слова Призрака,* призывающего Гамлета отомстить за свое убийство: «помни обо мне» (remember me). В этом смысле Офелия играет ту же роль по отношению к Лаэрту (как будущему мстителю за смерть отца — Полония), что и Призрак по отношению к Гамлету (как будущему мстителю за смерть своего отца — старого Гамлета). Лаэрту достается и «троицын цвет» (в пер. М. Лозинского), или

---

[73] Jenkins H. Op. cit. — P. 538—539.

«анютины глазки» (pansies). Этот цветок символизирует мотив «мысли» (от фр. pensee) — о смерти отца. Кому достаются остальные цветы?

Во **втором акте** своего представления Офелия продолжает: «Вот укроп для вас и голубки» (There's fennel for you, and columbines». «Укроп», или точнее «сладкий укроп» (fennel), традиционно ассоциируется с лестью, причем с «женской лестью»[74], а «водосбор» (columbine) — «голубки» (в переводе М. Лозинского) символизируют любовную измену[75]. Мотивы «женской лести» и «любовной измены» связаны в пьесе с Гертрудой. Именно ей и достаются сладкий укроп и водосбор.

В **третьем акте** представления, предназначенном для Клавдия, в букете Офелии остаются «рута» (rue) и «маргаритка» (daisy): «Вот рута для вас» (There's rue for you). Омоним «rue» означает не только «сожаление», но и «раскаяние». Вспомним, что Клавдий не в состоянии молиться и раскаяться в совершенном преступлении (III.3). Рута связана с мотивом «покаяния», и, очевидно, Офелия предназначает этот цветок Клавдию. Офелия продолжает: «Вот маргаритка» (There's a daisy). «Маргаритка» (daisy) — традиционный символ любви. По мнению некоторых комментаторов[76] Офелия оставляет маргаритку для себя, хотя маргаритка, возможно, также достается и Клавдию. В этом случае сцена приобретает симметричное построение: по два цветка каждому персонажу[77].

О последнем цветке в своем букете Офелия говорит: «Я бы вам дала фиалок, но они все увяли, когда умер мой отец» (I would give you some violets, but they withered all when my father died).

---

[74] Jenkins H. Op. cit. — P. 538—539.

[75] Морозов М.М. Избранные статьи и переводы. — М., 1954 — С. 461; Jenkins H. Op. cit. — P. 539.

[76] Jenkins H. Op. cit. — P. 540.

[77] Ibid. — P. 541.

«Фиалки» (violets) — цветы любви, завяли (withered). Офелия оставляет фиалки себе. Лаэрт сравнивает недолговечную (not lasting) любовь Гамлета к Офелии с фиалкой: «Цветок фиалки на заре весны» (A violet in the youth of primary nature (I.3.7)). Фиалка в букете Офелии — символ краткой любви в жизни Офелии, что перекликается с кратким Прологом к «Мышеловке» Гамлета — символом краткой жизни самого Гамлета.

Следует заметить, что Офелия, скорее всего, раздает *воображаемые* цветы, поскольку в феврале, когда происходит действие этой сцены («заутра Валентинов день», то есть 14 февраля), упоминаемые ею цветы уже не росли. Разыгрывая метапьесу с цветами, Офелия, как и Гамлет в «Мышеловке», выступает в *роли хора*, объясняющего значение каждого цветка.

Жизнь и игра

В основе поэтики театральности в творчестве Шекспира лежит диалогическое взаимодействие реальности и вымысла, жизни и игры. То, что изначально выглядит как неподдельное и естественное поведение человека, оборачивается театральным розыгрышем, и наоборот, то, что кажется инсценировкой или шуткой, оказывается фактом жизни. Злодейское отравление родного брата — преступление, действительно, совершенное Клавдием, изображено в метапьесе под названием «Мышеловка» в форме шутки. «Они только шутят, отравляют ради шутки», — с сарказмом поясняет автор-постановщик Гамлет, представляя зрителям актера, который играет роль убийцы: «Это некий Луциан, племянник короля» (III, 2). Наполненные желчной иронией слова Гамлета заставляют короля усмотреть в театральной постановке знак нависшей над ним неотвратимой угрозы — быть убитым собственным племянником. И предвестие, как и положено по законам поэтики, сбывается. Сцена встречи Гамлета с Гертрудой после «Мышеловки» (III.4) задумана и подстроена Клавдием с помощью Полония как инсценировка, которую Гамлет должен принять за откровенный разговор с матерью. Когда же Гамлет убивает подслушивающего за ковром Полония, невольно перепутав его с королем, театральный розыгрыш рассыпается и оборачивается трагедией наяву.

Действие в пьесе развивается по следующей схеме: персонаж пьесы, выступающий в метароли автора, драматурга или режиссера, ставит «спектакль в спектакле» (метапьесу) с помощью «своей» труппы актеров, то есть других персонажей, которые выступают на его стороне. В инсценировку обманным путем вовлекается персонаж-соперник из противоположного лагеря, который по замыслу постановщика должен принять розыгрыш за реальность. Ничего не подозревающий персонаж, который по замыслу автора-постановщика должен стать жертвой театрального обмана, неожиданно начинает *импровизировать,* выходя за рамки «написанной» для него роли. В итоге спектакль проваливается, а в роли жертвы, которая по сценарию была отведена сопернику, оказывается сам организатор розыгрыша. Постановка театральной западни — «мышеловки» для персонажа-соперника в жизни приводит к гибели самого постановщика, что выражено в словах Гамлета: «В том и забава, чтобы землекопа / взорвать его же миной» (III.4).

Гамлет тоже становится жертвой заложенной им театральной мины. С одной стороны, его «Мышеловка», в которой «Луциан, племянник короля» отравляет свою жертву ядом, изображает не только убийство старого короля, совершенное Клавдием в прошлом, но и служит предвестием убийства — тоже ядом самого Клавдия в будущем. Действительно, в финале трагедии Гамлет сначала закалывает короля отравленным клинком: «Клинок отравлен тоже! — Ну, так за дело, яд. (Поражает короля.)», а затем заставляет его выпить приготовленный им яд: «Пей свой напиток! <...> (Король умирает)». С другой стороны, сцена

отравления в «Мышеловке» заключает в себе закамуфлирован-
ное предвестие убийства с помощью яда и нового короля — самого Гамлета. Ведь после смерти Клавдия именно Гамлет становится законным монархом Дании. Ненадолго, менее чем на
полчаса («Ты не хранишь и получаса жизни»), но все же фактически корона переходит к нему. Умирая, он передает трон норвежскому принцу Фортинбрасу: «Избрание падет на Фортинбраса /
Мой голос умирающий — ему». Король Гамлет умирает от яда
(«Я умираю; / Могучий яд затмил мой дух»), который готовил
для него Клавдий («... он сам готовил яд»). Клавдий как бы мстит
Гамлету «с того света». Сцена отравления в «Мышеловке», написанная и поставленная Гамлетом, «чтоб заарканить совесть
короля», оказывается предвестием судьбы самого автора. Гамлет-драматург гибнет, невольно становясь трагическим героем
собственной пьесы.

Глава III

Повторы и подобия

Пьесы Шекспира строятся на многократном повторении одних и тех же сюжетных схем и драматических ситуаций, которые разыгрывают разные группы персонажей. Прием повтора относится к основным средствам выразительности драматического текста: «...без повторов и их подобий словесное искусство не представимо. Эта группа композиционных приемов служит выделению и акцентированию наиболее важных, особенно значимых моментов и звеньев предметно-речевой ткани произведения»[78].

Композиционный прием повтора тесно связан с поэтикой театральности: «Возрождение интереса к приему повтора сопровождается переосмыслением понятия театральности. Театральность — это не то же самое, что театр. Театральность не идентифицируется с актуальными театральными постановками и институтами. <...> Переосмысление понятия театральности имеет отношение к повтору, реинтерпретации образов»[79]. На особенность построения пьес Шекспира, связанную с параллелизмом и повтором сюжетных схем, обращал внимание и другой шекспировед: «Экстенсивность строения шекспировской драмы выражается в "поперечном" расширении ее действия, то есть в наличии параллельных линий действия, в сюжетной сложности драмы. Стремление к сюжетному расширению, к

---

[78] Хализев В.Е. Теория литературы. — М., 2002. — С. 298.

[79] Weber S., Smith T. Kierkergaard, Artaud, Pollack and the Theatre of Image // Power Institute of Fine Arts, University of Sidney: A discussion. — September 16, 1996. — P. 15.

увеличению линий действия выражается <...> в том, что Шекспир вводит вторую параллельную интригу, параллельную побочную линию действия и даже третью параллельную»[80]. Так, например, любовные отношения Геро и Клаудио в комедии «Много шума из ничего» удваиваются параллельной линией отношений между Беатриче и Бенедиктом, а в комедии «Как вам это понравится» линия Розалинда — Орландо параллельна линиям Фебы и Сильвия, Оселка и Одри, Селии и Оливера[81]. Основное действие хроники Генрих IV, ч. 1, параллельно разыгрывается на сниженном, пародийном уровне в сценах с Фальстафом. Метания Антония между Римом и Египтом в пьесе «Антоний и Клеопатра» эхом отзываются в линии Энобарба[82].

Выразительным примером параллельного построения сюжета служит трагедия «Король Лир». События основного действия (король Лир верит предавшим его дочерям Регане и Гонерилье и изгоняет преданную ему дочь Корделию) зеркально отражаются в побочной линии Глостера (поверившего предавшему его побочному сыну Эдмунду и изгнавшего преданного ему родного сына Эдгара). Параллелизм действий усилен и на более глубоком, неявном уровне. Лир ведет себя как безумец (верит дочерям-предательницам), пребывая в здравом рассудке. Прозрение приходит к нему в момент помешательства. Глостер же «не видит» обмана, когда он зряч. Прозрение приходит к нему после физического ослепления. Внешнее сходство этих сюжетных схем в смысловом отноше-

<hr>

[80] Чирков Н. Некоторые принципы драматургии Шекспира // Шекспировские чтения-1976. — М., 1977. — С. 14.

[81] Price H.T. Construction in Shakespeare. — Univ. of Michigan // Contributions in Modern Philology. — Univ. of Michigan, 1951. — No. 17. — P. 28—29.

[82] Scragg L. Discovering Shakespeare's Meaning. An Introduction to the Study of Shakespeare's dramatic structures. — London, 1994. — P. 114.

нии организовано по принципу обратной симметрии. Нравственные страдания короля Лира из-за предательства дочерей перекликаются с физическими страданиями Глостера, преданного сыном.

Прием удвоения или многократного повтора сюжетных схем подчеркивает контраст между художественными реальностями разных уровней: «Рядом с бурей в Атлантическом океане — буря в стакане воды. Так, Гамлет создает возле себя второго Гамлета; он убивает Полония, отца Лаэрта, и Лаэрт оказывается по отношению к Гамлету совершенно в том же положении, что и Гамлет по отношению к Клавдию. Это двойное действие — нечто чисто шекспировское»[83]. Прием параллельного действия и переплетения сходных сюжетных линий характерен не только для поэтики Шекспира, но и для всей драматургии его эпохи: «Один из основных методов драматического построения в драме Возрождения в целом состоит в наложении трех, часто переплетающихся, сюжетных линий для создания сложной композиции, смысл которой проявляется за счет контраста или аналогии, а не просто в результате линейного развития действия <...>. В рамках традиционного построения елизаветинско-якобинской драмы вообще, и трагедии мести в частности, композиция характеризуется множественностью параллельных сюжетных линий <...>. В "Испанской трагедии" <...> месть, приготовленная Местью для Дона Андреа, вызывает жестокие действия со стороны Лоренцо, Бел-империи и Иеронимо, в то время как в "Мести Антонио" <...> для осуществления мести негодяю Пьеро задействовано пять мстителей <...>. Пьеса Шекспира в большой степени усвоила традиции жанра трагедии мести, в том числе и способ ее организации»[84].

---

[83] Гюго В. Собр. соч.: в 15 т. — М., 1956. — Т. 14. — С. 300—301.
[84] Scragg L. Op. cit. — P. 115—116.

Убийцы и мстители

Сюжетная схема «месть сына за смерть отца» повторяется в «Гамлете» в четырех параллельных версиях, в которых в роли мстителей (за убийство своих отцов) выступают, соответственно, Гамлет, Лаэрт, Фортинбрас и Пирр. Роль Пирра, как сына, мстящего за убийство своего отца царю Приаму (сын Приама Парис убивает отца Пирра Ахилла), представлена в трагедии в форме метапьесы — в виде вставного рассказа. Сюжетную линию Пирра обычно не включают в драматическую систему трех других сыновей-мстителей[85]. Считается, что убийство Пирром Приама — это прежде всего месть за похищение Елены Парисом. Между тем было замечено, что роль Пирра также подразумевает и месть за предательское убийство его отца, поскольку Пирр приходится сыном Ахиллу, убитому Парисом[86]. Ни в «Энеиде» Вергилия, ни в средневековых версиях сюжета убийство Приама не связано напрямую с мотивом мести. Однако в «Истории Трои» Пиля (The Tale of Troy, Peele 1589)[87] призрак Ахилла призывает сына отомстить и убить Приама:

> Nor law of Gods, nor reverence of age,
> Coulde temper from a deed so tyrannous,
> Achilles sonne, the fierce unbridled Pyrrhus.
> His fathers ghost belike entycing him,
> With slaughtring hand, with visage pale and dim.
> (Horne 1952)[88].

---

[85] Long M. The Unnatural Scene. A Study in Shakespearian Tragedy. — London, 1976. — P. 156—157.

[86] Johnston A. The Player's Speech in Hamlet. — London, 1952. — P. 24—25.

[87] The Concise Cambridge History of English Literature. — Cam. Univ. Press, 1957. — P. 249.

[88] Horne D.H. The Life and Minor Works of Peele / Ed. D.H. Horne. — New Haven, 1952. — P. 200—201.

Ни к старости почтенье, ни закон богов
Не могут Пирра, сына Ахиллеса
От страшного деянья удержать,
Нашептанного призраком отца —
С рукой убийцы, ликом без лица.
(свободный перевод мой. — В.П.).

В фигуре Пирра соединены образы как убийцы, так и мстителя за двойное преступление Париса (похищение Елены и убийство Ахилла, отца Пирра). В этом заключено сходство Пирра с Гамлетом, который выступает в роли мстителя за двойное преступление Клавдия (убийство старого Гамлета и соблазнение его жены). В отличие от других сыновей-мстителей в трагедии Пирр выведен как фигура символического плана, а не как персонаж основного действия. Однако именно роль Пирра имеет важнейшее значение для понимания мотивной структуры «магистрального» сюжета[89] о мести.

На уровне основного действия «Гамлета» прием повтора реализован троекратным проигрыванием одной и той же сюжетной схемы, воплощенной тремя различными группами персонажей. Еще Куно Фишер обратил внимание на параллельное наложение сюжетных линий трех сыновей — мстителей за смерть отца: Гамлета, Лаэрта и Фортинбраса (Fischer 1896)[90].

Сюжетной структуре «Гамлета», в которой действуют три мстителя, посвящено множество исследований[91], начиная с пионерской работы И.А. Аксенова[92]. В разборах композиционного

---

[89] Пинский Л.Е. Шекспир. Основные начала драматургии. — М., 1971.

[90] Fischer K. Shakespeare's Hamlet. — Heidelberg, 1896.

[91] Johnston I. Introductory Lectures on Shakespeare's "Hamlet". — Malaspina-University College edition, 2001. — P. 2; Tekinay A. From Shakespeare to Kierkegaard: An Existantial Reality of Hamlet. — Bagazici Univ. Press, 2001. — P. 116.

[92] Аксенов И.А. Шекспир. Статьи. Т. I. — М.: ГИХЛ, 1937.

построения «Гамлета»[93] упор делается прежде всего на роли мстителей и их мотивировках. В контексте поэтики театральности важен вопрос о совмещении метаролей мстителя и убийцы в одном персонаже, а также инверсия этих ролей, когда мститель становится убийцей, а убийца — мстителем. Обмен ролями представляет собой проявление театральности, которое нередко отличает пьесы Шекспира от пьес других авторов эпохи, в которых парные роли «мстителя» и «убийцы» закреплены за персонажами на протяжении всего действия.

Повтор сюжетной схемы[94], которую можно назвать магистральным сюжетом «Гамлета», строится на взаимодействии трех обобщенных ролей: Отца, Сына и Убийцы Отца. При этом последовательность событий в сюжете состоит из убийства и мести: убийства Отца и мести Сына[95]. По ходу действия эта сюжетная схема трижды повторяется в разных версиях тремя разными группами персонажей:

1. Отцы: Старый Фортинбрас, старый Гамлет, Полоний.

2. Сыновья: молодой Фортинбрас, молодой Гамлет, Лаэрт.

3. Убийцы: старый Гамлет, Клавдий, молодой Гамлет.

События пьесы, значимые с точки зрения основного сюжета, разворачиваются в следующей хронологической последовательности:

1. Убийство старого Фортинбраса старым Гамлетом.

2. Убийство старого Гамлета Клавдием.

---

93 Prosser E. Hamlet's Revenge. — Stanford, California. 1967; Goddard H. The Meaning of Shakespeare. Vol. 1. — Univ. of Chicago Press, 1960. — P. 340—341.

94 Spurgeon C.F. Shakespeare's Imagery and What it Tells. — Us.-Cambridge, 1935. — P. 45.

95 Изложенный здесь анализ структуры «Гамлета» был впервые представлен в работе автора данной монографии «Shakespeare's Hamlet: A Structural and Semantic Analysis» (МГПИИЯ им. М. Тореза, М., 1978) и позже опубликован в книге: В. Пимонов, Е. Славутин. Загадка Гамлета. — М., 2001.

3. Убийство молодым Гамлетом Полония.

4. Месть Лаэрта Гамлету.

5. Месть Гамлета Клавдию.

6. Месть Фортинбраса (символическая).

Первая версия сюжета занимает первое (1) и последнее место (6), образуя внешнюю рамку пьесы. Вторая версия сюжета, занимающая второе (2) и пятое (5) место и разыгранная второй группой персонажей, выступает как центральная — и в смысловом, и в композиционном отношении. Третья версия занимает третье (3) и четвертое (4) место, создавая внутреннюю рамку трагедии. Центральная версия сюжета расположена между двумя рамками трагедии — внешней и внутренней. Таким образом, первая и третья версии, воплощенные в действие при участии первой и третьей группы персонажей, образуют внешнюю и внутреннюю рамку для второй, основной версии сюжета.

Зачем Шекспиру понадобилось трижды повторять одну и ту же сюжетную схему? Чем разные версии сюжета отличаются друг от друга? От версии к версии меняются мотивировки внешне схожих, но внутренне различных действий персонажей. В большинстве классических исследований о «Гамлете» рассматриваются психологические мотивы поведения героев, прежде всего так называемого «бездействия» Гамлета. Анализ мотивов с психологической точки зрения или с точки зрения восприятия мотивов читателем (зрителем) представляет собой попытку пробиться сквозь текст, обнаружить свойства персонажей, внеположные самому тексту, что выходит за рамки литературоведческого разбора[96].

<hr>

[96] Bradley A.C. Shakespearian Tragedy. — London, 1908 // Readings on the Character of Hamlet. — London, 1950. — P. 289—297; Bloom H. William Shakespeare's "Hamlet". Modern Critical Interpretations. — New York: Chelsea House, 1986. — P. 61; Bloom H. Shakespeare. The Invention of the Human. — New York, 1998; McConnell H. Hamlet and Revenge. An essay. — London, 2001.

В символическом смысле старый Гамлет, Клавдий, молодой Фортинбрас и Лаэрт становятся зеркальными отражениями Гамлета, его двойниками. В роли *убийцы* двойниками Гамлета выступают старый Гамлет (убийца старого Фортинбраса) и Клавдий (убийца старого Гамлета), а в роли *мстящего сына* — молодой Фортинбрас и Лаэрт. Гамлет совмещает в себе две роли: убийцы отца (он убивает отца Лаэрта — Полония) и мстящего сына (мстит Клавдию за убийство своего отца — старого Гамлета). Гамлет оказывается и двойником своего отца, старого Гамлета, поскольку он тоже становится убийцей чужого отца — Полония. Убивая Полония, отца Лаэрта, Гамлет, образно говоря, превращается в двойника Клавдия, который злодейски убил отца Гамлета. Непреднамеренное убийство Гамлетом Полония становится результатом его одержимости исполнить данное Призраку обещание «отмстить за подлое убийство». В роли мстящего сына Гамлет предстает и двойником молодого Фортинбраса, который мстит за убийство своего отца. Однако если мотив действий Фортинбраса связан с желанием вернуть утраченные отцом земли, то мотив действий Гамлета остается загадкой. Так, Гамлет не решается убить короля, когда тот собирается молиться:

Ham. Now might I do it pat, now he is praying;
And now I'll do 't: and so he goes to heaven;
And so am I reveng'd. That would be scann'd:
A villain kills my father; and for that,
I, his sole son, do this same villain send
To heaven.
Why, this is hire and salary, not revenge.
He took my father grossly, full of bread,
With all his crimes broad blown, as flush as May;
And how his audit stands who knows save heaven?

But in our circumstance and course of thought
'Tis heavy with him. And am I then reveng'd,
To take him in the purging of his soul,
When he is fit and season'd for his passage?
No (III.3.80—94).

Гамлет. Теперь свершить бы все, — он на молитве;
И я свершу; и он взойдет на небо;
И я отмщен. Здесь требуется взвесить:
Отец мой гибнет от руки злодея,
И этого злодея сам я шлю
На небо.
Ведь это же награда, а не месть!
Отец сражен был в грубом пресыщенье,
Когда его грехи цвели, как май;
Каков расчет с ним, знает только небо.
Но по тому, как можем мы судить,
С ним тяжело: и буду ль я отмщен,
Сразив убийцу в чистый миг молитвы,
Когда он в путь снаряжен и готов?
Нет.

Хотя Гамлет в этой сцене и воздерживается от убийства короля, он тем не менее точно «знает», когда осуществит свою месть:

Ham. Up, sword, and know thou a more horrid hent;
When he is drunk asleep, or in his rage,
Or in the incestuous pleasure of his bed,
At gaming, swearing, or about some act
That has no relish of salvation in't (III.3.95—99).

Гамлет. Назад, мой меч, узнай страшней обхват;
Когда он будет пьян, или во гневе,
Иль в кровосмесных наслажденьях ложа;
В кощунстве, за игрой, за чем-нибудь,
В чем нет добра.

В этом монологе Гамлет в буквальном смысле *сочиняет театральный сценарий* своей будущей мести: «когда он (Клавдий) будет пьян» (when he is drunk), «во гневе» (in his rage — буквально «в раже») и «за игрой» (at gaming). По этому сценарию и разворачиваются события: Гамлет осуществляет месть (revenge — образно говоря, «реванш» в игре), убивая Клавдия во время поединка — за «игрой», за чашей вина, «когда тот пьян».

Двойником Гамлета в роли мстящего сына оказывается и Лаэрт. При первой же возможности отомстить за смерть отца он соглашается участвовать в задуманной королем театральной интриге, — в отличие от Гамлета, который, не раз имея возможность отомстить Клавдию, «бездействует». В общей сюжетной схеме пьесы Гамлет обретает две пары символических двойников. С одной стороны, в роли убийцы чужого отца он становится двойником старого Гамлета и Клавдия, а с другой — его двойниками в роли мстящего сына выступают молодой Фортинбрас и Лаэрт.

В пьесе заключена двойственность мотива убийства-мести, что создает ситуацию подобия между персонажем, который совершает убийство, и персонажем, который осуществляет месть. В основе композиции «Гамлета» лежит театральный прием обмена ролями: Мститель выступает в роли Убийцы, а Убийца — в роли Мстителя. Гамлет совмещает в своем образе две главные аллегорические фигуры: Убийцу Отца и Мстящего Сына. Как его поступки, так и его «действенное бездействие», лишенное ясной мотивировки в системе «реалистических» и «художественных» мотивов[97], приобретают амбивалентное осмысление в свете открытого образа действий одной пары двойников (старый Гамлет — молодой Фортинбрас) и тайного образа действий другой пары двойников (Клавдий — Лаэрт). Гамлет оказывается на границе двух (условных) драматических жанров: трагедии чести, связанной с открытым убийством и открытой местью, и трагедии злодейства, связанной с тайным убийством и тайной местью.

Месть Шекспира

Мысль о том, что в «Гамлете» старый сюжет классической трагедии мести разворачивается на фоне новых психологических мотивировок (не свойственных трагедии мести), уже высказывалась исследователями[98]: «Основные характеристики жанра трагедии мести претерпевают в "Гамлете" модернизацию <...>. Традиционное разыгрывание персонажем-мстителем безумия в трагедии мести имеет целью отвести подозрения, в то время как маска безумия Гамлета имеет иную мотивировку — привлечь внимание к различию между видимостью и реальностью, между театром и жизнью с помощью метадрамы»[99]. Также предлагалась трактовка образа Гамлета как «комической фигуры в трагедийном контексте»: «Сложность понимания "Гамлета" объясняется взаимодействием в пьесе жанровых элементов трагедии и комедии»[100]. Сложность

---

[97] Томашевский Б.В. Теория литературы. Поэтика. — М., 2002. — С. 193—196.

[98] Robertson J.M. The Problem of Hamlet. — London, 1919. — P. 17.

[99] Bell M. Hamlet, Revenge! // Hudson Review. — 1998. — No. 51. — P. 310—328.

[100] Partee M.H. "Hamlet" and the Persistence of Comedy // Hamlet Studies. — 1992. — Vol. 14. — P. 9—18.

определения жанра «Гамлета» позволяет говорить о том, что эта пьеса, как это ни парадоксально звучит, стала предтечей английского романа XVIII века: «Хотя драма Возрождения, в отличие от романа, обычно не использует трехмерных персонажей и ее композиция не строится на характере героя, похоже, что Шекспир стремится к этому в "Гамлете" — вопреки жанровым ограничениям как самой драмы, так и своего времени»[101]. Знаменитый американский шекспировед заключает: «Пьеса "Гамлет" — это своего рода месть Шекспира трагедии мести, и она не имеет жанра. Из всех поэм — эта самая безграничная»[102].

Вопрос о жанровой принадлежности пьесы «Гамлет» может показаться бессмысленным, ведь пьеса обозначена как «трагическая история» на титульном листе уже в первых изданиях. Однако с точки зрения поэтики театральности можно говорить по крайней мере об интертекстуальной (ролевой) игре, взаимодействии в пьесе текстов разных жанров. Пролог представляет «Мышеловку» как «трагедию»: «For us, and for our tragedy» (III.2. 144—146). При этом рифмованный стих явно снижает «трагедийность» пьесы на фоне белого стиха основных персонажей, а само название «Мышеловка», которое Гамлет дает вставной пьесе, вообще звучит как пародия на трагедию. После того как король прерывает «Мышеловку», Гамлет неожиданно называет пьесу «комедией»: «For if the king like not the comedy» (III.2. 286—287). Поединок Гамлета с Лаэртом несколько раз назван «игрой» — «play» (*Ham*. And will this brothers' wager frankly play (V.2.249)), что подчеркивает игровой, театральный характер поединка и превращает его в сценический «розыгрыш», в каком-то смысле в пародию на трагический финал.

---

[101] Raffel B. "Hamlet" and the Tradition of the Novel // Explorations in Renaissance Culture. —1996. — Vol. 22. — P. 31—50.

[102] Bloom H. Hamlet — Poem Unlimited. — London, 2003. — P. 3.

Персонажи Шекспира действуют прежде всего как *сознательные актеры, режиссеры и драматурги*, а потом уже как «убийцы и мстители»: «Шекспир мог бы дать "Гамлету" подзаголовок "Репетиция", поскольку эта пьеса в большей степени произведение о театре, об актерской игре и искусстве, чем о мести. Для Гамлета пьеса — это вещь (thing. — *В.П.*), а не просто средство для завлечения Клавдия в мышеловку. Его озабоченность связана не с ролью медлящего мстителя, а с его одержимостью как драматурга»[103].

Эффект метатеатральности усиливается на фоне настойчивого повторения Шекспиром одной и той же сюжетной схемы в разных версиях, что отражает «настоящую одержимость повторениями в европейской литературе позднего Средневековья и раннего Возрождения»[104]: Правдоподобие драматического действия создается «посредством повторения субъектно-предикатной структуры. <...> все повествование оказывается производным от этой структуры, которая всего лишь повторяется в повествовании на разных уровнях»[105].

Античная миниатюра

Для понимания «действенного бездействия» Гамлета в свете поэтики театральности важнейшее значение имеет сцена встречи Гамлета с актерами (II.2). Тема *убийства* и *мести* воплощена здесь в рассказе Энея о Пирре. В отличие от линий трех главных мстителей в трагедии: Гамлета, Лаэрта и Фортинбраса, представленных на событийном уровне основного действия, линия

---

[103] Ibid. — С. 4.

[104] Кристева Ю. Избранные труды: Разрушение поэтики. — М., 2004. — С. 249.

[105] Там же. — С. 248.

четвертого мстителя — Пирра — воплощена на символическом уровне в форме вставной словесной метапьесы. Метапьеса у Шекспира выступает в трех ипостасях: когда ее можно увидеть и услышать (основное действие); когда ее можно увидеть, но нельзя услышать (пантомима, немые сцены) и когда ее можно услышать, но нельзя увидеть (например, Гамлет не видит Полония, спрятавшегося за портьерой). Вначале тема находит выражение на бессловесном уровне (появление молчащего Призрака), затем — на вербальном уровне, но без действия (рассказ Энея) и, наконец, на действенном уровне, когда Гамлет убивает короля.

Гамлет обращается к Первому актеру в просьбой «показать нам образец вашего искусства» (give us a taste of your quality (II.2.427—428)), предлагая ему прочитать «один монолог» (one speech) — «рассказ Энея Дидоне» (Æneas's tale to Dido), который представляет собой очередную итерацию, на сей раз в жанре античной миниатюры, темы «убийства и мести». Речь идет о фрагменте, повествующем об убийстве Приама (Priam's slaughter (II.2.444)). Во время чтения в воображении зрителя возникает образ разъяренного Пирра, который готов отомстить за предательское убийство своего отца Приаму и Гекубе. Рассказ Энея (*трижды прерываемый* ремарками Полония) распадается на три части. В смысловом отношении каждая часть связана с одним из трех персонажей, о которых идет речь в рассказе, — это Пирр, Приам и Гекуба. Мотивы символического сходства между мифологическими фигурами в монологе и героями основного действия «Гамлета» не были обойдены вниманием исследователей[106]. Отмечалась общность не только между Пирром и Гамлетом (эта идея была отражена в комментарии к подстрочному русскому переводу «Гамлета»)[107], но и между

---

[106] Levin H. An Explication of the Player's Speech. — London, 2003.

[107] Морозов М.М. Избранные статьи и переводы. — М., 1954. — С. 456.

Пирром и Луцианом по линии «убийства отца»[108]. Обращаясь к Первому актеру с просьбой исполнить монолог, Гамлет сам начинает декламировать текст (напоминая его актеру) и тем самым, по существу, входит в роль Энея. В тот момент, когда Гамлет начинает цитировать монолог, на сцене незримо — снова в воображении зрителя — возникает фигура Дидоны, ведь Эней обращается именно к ней. В символическом смысле в роли Дидоны в эту минуту невольно выступает сам Первый актер, к которому обращается Гамлет, декламируя рассказ Энея, предназначенный для Дидоны. Затем Гамлет передает слово Первому актеру, предлагая ему продолжить чтение рассказа Энея. И снова происходит ролевая инверсия: Гамлет и Первый актер меняются ролями. Теперь уже в роли Дидоны неожиданно оказывается сам Гамлет, внимающий рассказу Энея в исполнении Первого Актера.

Рассказ Энея Дидоне перекликается с событиями основного действия, в частности отношениями между Гамлетом и Офелией. Причиной страданий Офелии, в безумии покончившей с собой после смерти отца, была неразделенная любовь к покинувшему ее Гамлету («ведь ты меня, пока не смял, / Хотел женой назвать!»). Мотив самоубийства Дидоны связан с тем, что ее покинул Эней, в которого она была влюблена[109]. Возникает символическое удвоение образа Дидоны, двойниками которой становятся поочередно, сначала Первый актер (когда он слушает рассказ Энея Дидоне в исполнении Гамлета), потом и Гамлет (когда он слушает рассказ Энея Дидоне в исполнении Первого актера) и, наконец, Офелия (которую, как и Дидону, покинул возлюбленный).

---

[108] Jenkins H. The Arden Shakespeare. Hamlet. — London, 2000. — P. 478.

[109] Корш М. Краткий словарь мифологии и древностей. — СПб.: Изд-во А.С. Суворина, 1894. — С. 81.

На фоне античного сюжета в пьесе возникает взаимодействие разных художественных реальностей, создающих символические параллели между персонажами. Гамлет, племянник короля Клавдия, читает отрывок из рассказа Энея, который, в свою очередь, является племянником царя Приама (отец Энея Анхиз приходится Приаму кузеном)[110]. Рассказ повествует о том, как Пирр убивает Приама, что создает символическую перекличку между племянником-Гамлетом — будущим убийцей Клавдия, и племянником-Энеем. При этом Гамлет, с одной стороны, играет роль Энея (декламируя его рассказ), а с другой — как настоящий актер «вживается» и в роль Пирра — убийцы-мстителя, о котором повествует рассказ Энея. Получается, что в роли племянников в пьесе выступают не три действующих лица — Гамлет, Фортинбрас и Луциан, а четыре, включая символическую фигуру Энея.

В сцене на кладбище (V.1) Гамлет рассуждает о прахе Александра Великого, образно отождествляя себя с ним. Дабы искупить свою вину, Александру пришлось принести на алтарь Зевса жертву тени Приама. Александр считал себя потомком Ахиллеса по материнской линии, а сын Ахиллеса Неоптолем (или Пирр) убил Приама. Прослеживается символическая параллель между Александром, искупающим вину перед тенью убитого — Приама, и Гамлетом, исполняющим долг мести перед тенью отца — Призраком.

Напоминая Первому актеру текст рассказа Энея: «Косматый Пирр, с гирканским зверем схожий! (The rugged Pyrrhus, like th' Hyrcanian beast»), Гамлет сам себя *прерывает* и говорит, что текст должен начинаться не с этих строк: «Не так; начинается с Пирра» — ('tis not so; it begins with Pyrrhus). Ошибка Гамлета при цитировании текста рассказа Энея по-

---

[110] Виллани Дж. Новая хроника, или История Флоренции. — М., 1997. — С. 14.

хожа на своеобразный фальстарт, который неожиданно обретает скрытый смысл, связанный с семантикой цвета на сцене. Гирканский зверь — это тигр[111], имеющий черную и красную окраску. В дальнейшем описании Пирра фигурируют именно эти два цвета. У Пирра — «оружье черно» (sable arms, где *sable* — это геральдический термин для обозначения черного цвета), «как мысль его, и ночи той подобно» (black as his purpose, did the night resemble). Но Пирр — и «сплошная червлень» (total gules — геральдический термин, обозначающий красный цвет)[112], он «весь расцвечен кровью» (horridly trick'd with blood), «запекшейся от раскаленных улиц» (o'er-sized with coalulate gore), «с глазами, как два карбункула» (with eyes like carbuncles).

В тексте происходит игровое взаимодействие метафорических образов черного и красного цвета при описании внешнего вида персонажа — Пирра, то есть его театрального *костюма*. Сценический костюм, невербальный элемент театральности, оживает в воображении зрителя с помощью словесного рассказа. Описание облика персонажа посредством метафор черного и красного цвета создает и образ «ада», ведь Пирр назван «адским Пирром» (hellish Pyrrhus).

Рассказ о Пирре представляет собой еще один повтор мотива убийства и мести, который связан с тремя персонажами: с Призраком (как виртуальным мстителем за собственную смерть с помощью сына), самим Гамлетом (реальным мстителем за смерть собственного отца и убийцей чужого отца — Полония) и Луцианом (с одной стороны, убийцей, с другой — предвестником мести Гамлета, ведь Луциан — «племянник короля»). У Луциана «дух черен» (thoughts black) — явная перекличка с Пирром, который «черен, как мысль его» (black as his purpose).

---

111 Jenkins H. Op. cit. — P. 263.
112 Ibid. — P. 264.

Если на уровне основного действия Гамлет в роли мстителя становится двойником Лаэрта и Фортинбраса, то на символическом уровне его двойниками в роли убийц оказываются Пирр и Луциан.

Цветовую игру продолжает Гамлет, который сначала спрашивает, какого «цвета» Призрак: «И бледен, иль багров?» (Pale or red? (I.2)); а потом говорит о «цвете» своего костюма: «ни эти мрачные одежды» (nor customary suits of solemn black. I.2.78); «пусть дьявол носит черное, а я буду ходить в соболях» (let the devil wear black, for I'll have a suit of sables (III.2.135)).

Мотив «ада» (hell) возникает в связи с появлением Призрака: «Я с ним заговорю, хоть ад разверзнись» (I'll speak to it though hell itself should gape (I.2)), а также в рассказе Офелии о «безумстве» Гамлета, который «словно <...> был из ада выпущен на волю» (as if he had been loosed out of hell (II.1.80)). Потусторонность Гамлета в роли мнимого сумасшедшего перекликается с потусторонностью Призрака.

В то время как символическое сходство между Пирром и Гамлетом лежит на поверхности, образная перекличка между Приамом и Призраком не столь очевидна. Оба персонажа названы «отцами» (father); Пирр — «почтенный» (reverend), Призрак — «честный» (honest); у Пирра «седая» голова (milky), у Призрака — седая борода (grizzled (I.2)).

Рассказ Энея о мести Пирра оказывается предвестием дальнейших событий, связанных с Гамлетом. Пирр «расцвечен кровью / Мужей и жен, сынов и дочерей» (horridly trick'd / With blood of fathers, mothers, daughters, sons). Гамлет тоже вольно или невольно оказывается причастен к смерти перечисленных в рассказе Энея персонажей: чужого отца (Полония — в символическом смысле «мужа»), матери (Гертруды), дочери (Офелии), сына (Лаэрта). Символическая перекличка между Пирром и Гамлетом также зиждется на мотиве «бездействия» и «отсрочки мести». Сравним текст рассказа о Пирре перед убийством Приама и текст монолога Гамлета из той сцены (III.3), в которой он застает Клавдия одного после «Мышеловки».

First Player. Stoops to his base, and with a hideous crash
Takes prisoner Pyrrhus' ear: for lo! his sword,
Which was declining on the milky head
Of reverend Priam, seem'd i' the air to stick:
So, as a painted tyrant, Pyrrhus stood,
And like a neutral to his will and matter,
Did nothing (II.2.330—335).

Первый актер. Как будто чуя этот взмах, склоняет
Горящее чело и жутким треском
Пленяет Пирров слух; и меч его,
Вознесшийся над млечною главою
Маститого Приама, точно замер.
Так Пирр стоял, как изверг на картине,
И, словно чуждый воле и свершенью,
Бездействовал.

А вот что говорит Гамлет, занося меч над головой Клавдия:

Ham. But in our circumstance and course of thought
'Tis heavy with him. And am I then reveng'd,
To take him in the purging of his soul,
When he is fit and season'd for his passage?
No.
Up, sword, and know thou a more horrid hent... (III.3.90—95)

Гамлет. Теперь свершить бы все, — он на молитве;
И я свершу; и он взойдет на небо;
И я отмщен. Здесь требуется взвесить:
Отец мой гибнет от руки злодея,

И этого злодея сам я шлю

Но по тому, как можем мы судить,

С ним тяжело: и буду ль я отмщен,

Сразив убийцу в чистый миг молитвы,

Когда он в путь снаряжен и готов?

Нет.

Назад, мой меч, узнай страшней обхват...

Слова о занесенном над главою Приама мече Пирра оказываются зашифрованным театральным сценарием будущих событий, точнее, той сцены, в которой Гамлет заносит меч над головой Клавдия. При этом, если в первом отрывке (о Пирре) сюжет представлен визуально — как «на картине», то во втором — пластическое движение Гамлета с мечом в руке дано в виде сценической ремарки, вставленной в основной текст (метатекст в тексте): «Назад, мой меч» (Up, sword). О пластическом «отказном» движении Гамлета — невербальном элементе текста — мы узнаем из его словесной ремарки.

Эта сцена обычно трактуется как сцена «молитвы Клавдия», поскольку Гамлет говорит: «Он на молитве» (Now he's praying). Между тем из слов самого Клавдия следует, что он не в состоянии молиться: «Не могу молиться» (Pray can I not). Король (в роли режиссера и актера в одном лице) только пытается «репетировать» сцену молитвы. Выступая в метароли автора-драматурга, Клавдий пробует *сочинить* возможный текст молитвы: «Но что скажу я? Прости мне это гнусное убийство?» (But oh, what form of prayer / Can serve my turn? «Forgive me my foul murder?»). Текст роли короля в буквальном смысле превращается в «текст в тексте». Заключенный в кавычки вопрос представляет собой сочиненный, образно говоря, *написанный* королем воображаемый текст молитвы, так и не прочитанной (не исполненной) им. Гамлет же ошибочно заключает, что Клавдий молится, поскольку основывается только на своем зрении, а не на слухе. Он лишь видит короля, но не слышит его. Эта сцена обратно симметрична по отношению к сцене в комнате Гертруды, в которой Гамлет только слышит спрятавшегося за портьерой Полония, но не видит его.

Фигура Пирра перекликается с фигурой Клавдия не только по линии мотива «убийства чужого отца», но и по линии мотива «задержки действия», что на лексическом уровне выражено словом «пауза» (pause):

King. And, like a man to double business bound,
Stand in **pause** where I shall first begin,
Had both neglect. What if this cursed hand... (III.3.47—49)

Король. Вина сильней, чем сильное желанье,
И, словно тот, кто призван к двум делам,
Я медлю и в бездействии колеблюсь.
Будь эта вот проклятая рука
Плотней самой себя от братской крови.

Вспомним, что Пирр «стоял, как изверг на картине, / и словно чуждый воле и свершенью, / Бездействовал» (stood like a painted tyrant <...> and did nothing). Далее в тексте говорится: «так, помедлив, Пирра / Проснувшаяся месть влечет к делам» (<...> so after Pyrrhus **pause** / Aroused vengeance sets him new a-work). Мотив «паузы», «задержки действия», «отказного движения», «прерывания» действия последовательно проведен в действиях трех персонажей — Гамлета, Пирра и Клавдия.

В том отрывке из рассказа Энея, который произносит Гамлет, возникает образ коня, причем речь идет о троянском коне[113]: *Ham.* When he lay couched in the ominous horse (II.2.450) — (Ког-

---

[113] Jenkins H. Op. cit. — P. 263.

да в зловещем он лежал коне.) Мотив «коня» вновь появляется перед поединком Гамлета с Лаэртом, когда Озрик сообщает Гамлету о выставленных королем закладах: *Osr.* The King, sir, hath wagered with him six Barbary horses (V.2.145) — (Король поставил против него в заклад шесть берберийских коней.)

Задуманный Клавдием поединок между Гамлетом и Лаэртом есть не что иное, как символический «троянский конь» в войне с Гамлетом. Так же, как и «Мышеловка» Гамлета, вдохновленная рассказом Энея (о «коне», в котором лежал Пирр), — это «троянский конь» Гамлета в войне с Клавдием.

Глава IV

Числа

Числовая символика играет важнейшую роль в поэтике театральности Шекспира. Упоминание одних и тех же числительных в связи с постановкой пьесы в пьесе, например, в «Гамлете» и «Сне в летнюю ночь», позволяет говорить об устойчивом мотиве чисел. «Число <...> это первейшее организующее действие — действие по разграничению и упорядочению. Оно отличается от простого "означивания" и охватывает даже более широкую область, в границах которой и может быть понято и локализовано «означивание»[114]. Числа и числовая символика имеют особое значение в культуре: «В большом числе конкретных исследований, посвященных разным эпохам в истории культуры, рассматриваются случаи "эпических чисел", "числовой символики", "мистики чисел". Количество случаев, когда число приобретает, сверх своего основного цифрового значения, некоторые добавочные — культурно-типологические, очень велико»[115]. Мотив числовой символики не обойден вниманием литературоведов[116], в частности, проведен сравнительный анализ употребления числительных во всех известных версиях «Гамлета», включая все Кварто и Фолио, а также оксфордский

---

[114] Кристева Ю. Избранные труды: Разрушение поэтики. — М., 2004. — С. 308.

[115] Лотман Ю.М. Семантика числа и тип культуры // Лотман Ю.М. Семиосфера. — СПб., 2001. — С. 430.

[116] Sprinchorn E. The Odds on Hamlet // Columbia Forum. — 1964. — Vol. VII (4). — P. 41; Sohmer S. Certain Speculations on Hamlet, the Calender and Martin Luther // Early Modern Literary Studies. — 1996. — Vol. 2.1. — P. 51—52.

и арденский тексты[117]. В драматургии Шекспира числа представляют собой особый метатекст, инкорпорированный в структуру пьесы. Само слово «number» употреблено Шекспиром 110 раз в 37-ми пьесах. Числительное «three» — употреблено 380 раз, «seven» — 93 раза, «nine» — 88 раз, «dozen» — 35 раз, «twelve» — 61 раз, «sixteen» — 13 раз, «thirty» — 28 раз[118].

Монолог

Шекспироведов издавна занимает вопрос, в котором, возможно, заключена одна из самых трудных загадок «Гамлета»: какие строки дописал Гамлет? Где тот «монолог в каких-нибудь *двенадцать или шестнадцать строк*» (a speech of some dozen or sixteen lines), о котором Гамлет говорит Первому актеру? (II.2.535):

Ham. You could, **for a need**, study a **speech of some dozen or sixteen lines**, which I would **set down and insert in't**, could you?

Гамлет. Вы могли бы, **если потребуется**, выучить **монолог в каких-нибудь двенадцать или шестнадцать строк,** которые **я бы сочинил и вставил туда?** Могли бы вы?

Оговорка «for a need» (если потребуется) придает словам Гамлета необязательность и неопределенность, а небрежное упоминание о количестве строк — «some dozen or sixteen» (дюжина или шестнадцать) — и вовсе выглядит случайным. Слово «каких-нибудь» (some) нарочито выражает небрежное отноше-

---

[117] Roth S. Hamlet. The Undiscovered country. — New York, 2001.

[118] Shakespeare Rhymezone.com. (электронный тезаурус текстов Шекспира).

ние Гамлета к своему собственному предложению, будто бы речь идет о ерунде, сущей безделице. Не одно поколение литературоведов пыталось обнаружить эти строки в тексте пьесы, что само по себе свидетельствует о высочайшем мастерстве Шекспира[119]. Высказывалось предположение, что дописанные Гамлетом строки включены в текст роли Актера-короля в спектакле «Убийство Гонзаго», поскольку ни в каком другом месте «пьесы в пьесе» нет отрывка, который по своей длине сопоставим с монологом в «двенадцать или шестнадцать строк»[120]. Однако эта версия разумно отвергается в авторитетном арденском комментарии к «Гамлету» на том основании, что содержание текста, который читает Актер-король, не имеет ничего общего с замыслом Гамлета напомнить Клавдию о его преступлении[121]. То же самое касается и текста, который декламирует Актер-королева:

P. Queen. So many journeys may the sun and moon
Make us again count o'er ere love be done!
But, woe is me! you are so sick of late,
So far from cheer and from your former state,
That I distrust you. Yet, though I distrust,
Discomfort you, my lord, it nothing must;
For women's fear and love holds quantity,
In neither aught, or in extremity.
Now, what my love is, proof hath made you know;
And as my love is siz'd, my fear is so.
Where love is great, the littlest doubts are fear;
Where little fears grow great, great love grows there (III.2.108—119).

[119] Furness. Transactions of the New Shakspere Society for 1874. — London, 1874.

[120] Jenkins H. The Arden Shakespeare. Hamlet. — London, 2000. — P. 481.

[121] Ibid. — P. 507.

Актер-королева. «Пусть столько ж лун
и солнц сочтем мы вновь
Скорей, чем в сердце кончится любовь!
Но только, ах, ты с некоторых пор
Так озабочен, утомлен и хвор,
Что я полна волненья. Но оно
Тебя ничуть печалить не должно;
Ведь в женщине любовь и страх равны:
Их вовсе нет, или они сильны.
Мою любовь ты знаешь с юных дней;
Так вот и страх мой соразмерен с ней.
Растет любовь, растет и страх в крови;
Где много страха, много и любви».

Хотя в приведенном отрывке ровно *двенадцать* строк, в нем также нет ничего, что могло бы напомнить Клавдию о совершенном им убийстве. Комментаторы даже высказывали мнение, что настойчивые попытки обнаружить дописанный Гамлетом монолог в «Убийстве Гонзаго» настолько же абсурдны, как и дискуссия о том, откуда актеры вообще знают эту старую итальянскую пьесу: «Нам остается предположить, что в репертуаре актеров уже была пьеса, в которой содержался эпизод, похожий на историю смерти отца Гамлета, и что Гамлет просто "отредактировал" ее, дописав монолог для усиления эффекта. Однако из этого вовсе не следует, что вставленный Гамлетом монолог обязательно присутствует в тексте пьесы "Убийство Гонзаго"»[122].

И все же предпримем еще одну попытку найти загадочные «дюжину или шестнадцать» строк, которые Гамлет обещал сочинить и вставить в пьесу. Ведь по законам поэтики обещанное персонажем художественного произведения действие, как и

---

[122] Jenkins H. The Arden Shakespeare. Hamlet. — London, 2000. — P. 482.

предвестие, предсказание обязательно должно осуществиться. Обратимся к той сцене, где Гамлет репетирует с Первым актером некий *монолог* из предстоящего спектакля:

Ham. Speak the **speech**, I pray you, **as I pronounced it to you**, trippingly on the tongue; but if you mouth it, as many of your players do, I had as lief the town-crier spoke **my lines** (III.2.1).

Гамлет. Произнесите **монолог**, прошу вас, **как я вам его прочел**, легким языком; а если вы станете его горланить, как это у вас делают многие актеры, то мне было бы одинаково приятно, если бы **мои строки** читал бирюч.

Гамлет говорит «мои строки» (my lines), что является прямым указанием на то, что речь идет о дописанном им монологе. О каких других «моих строках» может говорить принц? Из слов Гамлета также следует, что добавление, которое он сочинил к старой пьесе, представляет собой именно монолог (the speech). А вот сам текст — «строки» дописанного Гамлетом монолога — мы не слышим. Шекспир намеренно показывает нам лишь тот фрагмент репетиции Гамлета с актером, когда принц, выступающий в метароли *режиссера*, уже закончил чтение *монолога* (он говорит «как я вам его прочел», то есть в прошедшем времени). Появление Полония в сопровождении Розенкранца и Гильденстерна *прерывает* режиссерские наставления Гамлета актеру. В результате *репетиция прерывается*, и актер *не успевает произнести монолог*.

Внимательно перечитаем сцену «Мышеловки». Вначале разыгрывается пантомима (dumb show) — немое действие без слов. За ним следует пролог, состоящий из трех строк. Далее идет сцена диалога между Актером-королем и Актером-королевой. И вот должна начаться сцена отравления. Прежде чем изобразить на сцене убийство, Луциан произносит монолог — единственный во всей этой пьесе:

Luc. Thoughts black, hands apt, drugs fit, and time agreeing;
Confederate season, else no creature seeing;
Thou mixture rank, of midnight weeds collected,
With Hecate's ban thrice blasted, thrice infected,
Thy natural magic and dire property,
On wholesome life usurp immediately (III.2.193—198).

Луциан. Рука тверда, дух черен, верен яд,
Час дружествен, ничей не видит взгляд;
Тлетворный сок полночных трав, трикраты
Пронизанный проклятием Гекаты,
Твоей природы страшным волшебством
Да истребится ныне жизнь в живом.

В монологе Луциана только *шесть* строк, а Гамлет говорил о «двенадцати или шестнадцати». Классик шекспироведения Э. Чемберс пишет: «У меня нет сомнений в том, что строки, о которых говорил Гамлет, нужно искать в монологе Луциана. Эти *строки прерываются* (курсив мой. — *В.П.*) неожиданным вставанием короля <...>. Единственная причина для переделки Гамлетом старой пьесы состоит во введении в нее сцены, которая отражала бы преступление Клавдия»[123]. На первый взгляд эти слова критика легко подкрепить цитатами. Действительно, устраивая спектакль, Гамлет хочет собственными глазами убедиться в виновности короля.

---

[123] Chambers Ed. The Warwick Shakespeare. The Tragedy of Hamlet, Prince of Denmark / Ed. by Sir Edmunf Chambers. — Blackie & Son Limited, no date. — P. 180.

Ham. ... I have heard,
That guilty creatures sitting at a play
Have by the very cunning of the scene
Been struck so to the soul that presently
They have proclaim'd their malefactions;
For murder, though it have no tongue, will speak
With most miraculous organ. I'll have these players
Play something like the murder of my father
Before mine uncle; I'll observe his looks (II.2.423—431).

Гамлет. ...я слыхал,
Что иногда преступники в театре
Бывали под воздействием игры
Так глубоко потрясены, что тут же
Свои провозглашали злодеянья;
Убийство, хоть и немо, говорит
Чудесным языком. Велю актерам
Представить нечто, в чем бы дядя видел
Смерть Гамлета; вопьюсь в его глаза;

Перед началом спектакля Гамлет посвящает Горацио в свой план:

Ham. There is a play to-night before the king;
One scene of it comes near the circumstance
Which I have told thee of my father's death:
I prithee, when thou seest that act afoot,
Even with the very comment of thy soul
Observe mine uncle; if his occulted guilt
Do not itself unkennel in **one speech,**
It is a damned ghost that we have seen,
And my imaginations are as foul
As Vulcan's stithy. Give him heedful note (III.2.39—46).

Гамлет. Сегодня перед королем играют;

Одна из сцен напоминает то,

Что я тебе сказал про смерть отца;

Прошу тебя, когда ее начнут,

Всей силою души следи за дядей;

И если в нем **при некоих словах**

Сокрытая вина не содрогается,

То, значит, нам являлся адский дух

И у меня воображенье мрачно,

Как кузница Вулкана. Будь позорче;

К его лицу я прикую глаза,

А после мы сличим сужденья наши

И взвесим виденное.

Гамлет привлекает внимание Горацио не ко всему спектаклю, а лишь к «одной из сцен» (one scene), к «неким словам» (one speech). При этом в тексте прямо сказано о «монологе» (speech), как и во всех других местах, где речь идет о «добавлении» к пьесе. Успех представления зависит от того, как во время него поведет себя Клавдий: «The play's the thing to catch the conscious of the king» (Зрелище — петля, чтоб заарканить совесть короля! (II.2)). В английском тексте в отличие от русского перевода вместо слова «петля» употреблено слово «вещь» (thing), которым в начале пьесы назван и Призрак: «Что, эта **вещь** опять сегодня появлялась?» (What, has this **thing** appear'd again tonight (I.1), а позже слово «вещь» уже относится и к Клавдию: «Король есть **вещь** <...> не вещественная» (The King is a **thing** <...> of nothing (IV.2)). В метафорическом смысле слово «вещь» (thing) связано в трагедии с мотивом «загадки».

Все указывает на то, что монолог Луциана и есть те самые «строки», которые обещал дописать и вставить в пьесу Гамлет. Авторство Гамлета не вызывало бы никаких сомнений, если бы не расхождение между количеством строк в монологе, прочитанном Луцианом (шесть) и обещанием самого принца сочинить монолог в «двенадцать или шестнадцать» строк. Представляется маловероятным, чтобы Гамлет, а тем более Шекспир, писавший сонеты, не придавал значения количеству написанных строк. Еще раз вернемся к монологу Луциана. После его слов «да истребится ныне жизнь в живом» (<...> on wholesome life usurps immediately) Гамлет поясняет для зрителей смысл того, что изображает актер:

Ham. He poisons him i' the garden for's estate. His name's Gonzago; the story is extant, and writ in very choice Italian. You shall see anon how the murderer gets the love of Gonzago's wife (III.2.199).

Гамлет. Он отравляет его в саду ради его державы. Его зовут Гонзаго. Такая повесть имеется и написана отменнейшим итальянским языком. Сейчас вы увидите, как убийца снискивает любовь Гонзаговой жены».

Комментатор не совсем точен, когда утверждает, имея в виду монолог Луциана, что «эти строки прерываются неожиданным вставанием короля»[124]. Клавдий встает не во время чтения Луцианом монолога, написанного в стихах, а на вышеприведенном прозаическом пояснении Гамлета. Получается, что монолог Луциана на самом деле прерывает не Клавдий, а сам Гамлет. Именно после его слов — «Сейчас вы увидите, как убийца снискивает любовь Гонзаговой жены» — Офелия сообщает:

Oph. The king rises!
Ham. What! frighted with false fire?

---

[124] Chambers Ed. Op. cit. — P. 180.

Queen. How fares my lord?

Pol. Give o'er the play.

King. Give me some light: away!

All. Lights, lights, lights! (Exeunt all except Hamlet and Horatio) (III.2.200—205).

Офелия. Король встает!

Гамлет. Что? Испугался холостого выстрела?

Королева. Что с вашим величеством?

Полоний. Прекратите игру!

Король. Дайте сюда огня. — Уйдем!

Все. Огня, огня, огня!

Итак, спектакль *прерывается*. Вставание короля помешало увидеть продолжение сцены, содержание которой Гамлет предвестил своим пояснением. Тот факт, что Луциан простонапросто *не успевает дочитать до конца свой монолог*, доказывает, что изначально в нем было не шесть строк, а больше. При этом нельзя точно сказать, было ли в монологе «двенадцать или шестнадцать» строк, поскольку спектакль остался недоигранным до конца. Гамлет, который в начале представления был в роли зрителя, неожиданно вмешивается в ход пьесы как ее участник, то есть персонаж. Смена ролей Гамлета происходит как раз в тот момент, когда некто Луциан, *племянник короля*, вливает яд в ухо спящему. Зачем Гамлет вмешался в пьесу со своим пояснением? Может быть, сцена отравления показалась ему недостаточно выразительной («невразумительная пантомима» — inexplicable dumb-shows), а монолог — неубедительно исполненным?

Во время репетиции Гамлет, как настоящий режиссер, сам показывает актеру, как тот *не должен* исполнять *монолог*: «И не слишком пилите воздух руками, вот этак» (Nor do not saw the air too much with your hand, thus (III.2.3)). Слова «вот так» представляют собой сценическую ремарку внутри основного теста, указывая на то, что здесь Гамлет сам изображает «пиление воздуха руками». И далее:

Ham. <...> but use all gently: for in the very torrent, tempest, and—as I may say—whirlwind of passion, you must acquire and beget a temperance, that may give it smoothness. O! it offends me to the soul to hear a robustious periwig-pated fellow tear a passion to tatters, to very rags, to split the ears of the groundlings, who for the most part are capable of nothing but inexplicable dumb-shows and noise (III.2.3).

Гамлет. <...> но будьте во всем ровны, ибо в самом потоке, в буре и, я бы сказал, в смерче страсти вы должны усвоить и соблюдать меру, которая придавала бы ей мягкость. О, мне возмущает душу, когда я слышу, как здоровенный, лохматый детина рвет страсть в клочки, прямо-таки в лохмотья, и раздирает уши партеру, который по большей части ни к чему не способен, кроме невразумительных пантомим и шума.

В «Убийстве Гонзаго» только к роли Луциана подходят такие эпитеты, как «поток» — torrent, «буря» — tempest, «смерч страсти» — whirlwind of passion. Во время представления Гамлет, вновь выступая в роли режиссера, торопит актера:

Ham. Begin, murderer; pox, leave thy damnable faces and begin. Come, the croaking raven doth bellow for revenge (III.2.192).

Гамлет. Начинай, убийца. Да брось же проклятые свои ужимки и начинай. Ну: «Взывает к мщенью каркающий ворон».

Последние слова представляют собой «переделанную» цитату из известной в шекспировские времена пьесы «Подлинная трагедия Ричарда Третьего» (The True Tragedie of Richard the Third): The screeking raven sits croaking for revenge[125]. А «проклятые ужимки» (damnable faces, то есть буквально «отвратительные рожи») и есть те самые «невразумительные пантомимы» (inexplicable dumb-shows), от разыгрывания которых Гамлет предостерегал актера во время репетиции.

Нарушая свой собственный первоначальный замысел, Гамлет прерывает монолог Луциана в кульминационный момент пьесы. И прозой договаривает то, что по его же сценарию актер должен был произнести в монологе стихами. Возникает резкий стилистический диссонанс между монологом Луциана, написанным рифмованным стихом, и прозаическим пересказом Гамлетом дальнейшего содержания пьесы. Переход от стиха к прозе создает впечатляющий сценический эффект. Происходит мгновенный сдвиг событий: как по времени — все оставшееся действие спектакля сжимается в несколько фраз, так и в пространстве — из условной театральной реальности действие переходит в реальность жизни. Пока Клавдий смотрел спектакль о «чужой жизни», он оставался невозмутимым и не видел в пьесе «ничего предосудительного». Но неожиданно спектакль о *прошлом* преступлении Клавдия стал спектаклем о его *будущем* наказании. Поставленная Гамлетом «Мышеловка» захлопнулась. Клавдий содрогнулся.

---

[125] Alexander N. The Macmillan Shakespeare. Hamlet. — Richard Clay Ltd., 1978. — P. 168.

Выиграв символический поединок с королем на подмостках сцены, Гамлет не может остановиться. В нем живет не только мститель, но и подлинный художник: *автор-драматург и актер*. Он чувствует незавершенность пьесы. Часть *написанного* им монолога не прозвучала со сцены. Оставшись наедине с Горацио, Гамлет на одном дыхании продолжает стихами начатую им в прозе импровизацию:

Ham. Why, let the strucken deer go weep,
The hart ungalled play;
For some must watch while some must sleep,
Thus runs the world away (III.2.206—209).

Гамлет. Олень подстреленный хрипит,
А лани — горя нет.
Тот — караулит, этот — спит,
Уж так устроен свет.

В английском тексте на месте «А лани — горя нет» (пер. М. Лозинского) стоит «Лань спокойно играет» (The hart ungalled play), то есть Гамлет не может остановиться и как бы «доигрывает» прерванный спектакль. И снова сбивается на прозу:

Ham. Would not this, sir, and a forest of feathers, if the rest of my fortunes turn Turk with me, with two Provincial roses on my razed shoes, get me a fellowship in a cry of players, sir?
Hor. Half a share (III.2.210—211).

Гамлет. Неужто с этим, сударь мой, и с лесом перьев, — если в остальном судьба обошлась бы со мною, как турок, — да с парой прованских роз на прорезных башмаках я не получил бы места в труппе актеров, сударь мой?
Горацио. С половинным паем.

Горацио намекает, что Гамлет должен разделить свой успех с актером, исполнявшим дописанный им монолог. В отличие от Шекспира, который, по преданию, играл второстепенные роли, Гамлет претендует на главную роль в спектакле: *Ham.* A whole one, I (III.2.212). — «С целым, по-моему».

Некоторые комментаторы придерживаются другого объяснения реплики о «половинном пае»: доходы в театре «Глобус» — *шестнадцать* долей — делились пополам между актерами-пайщиками, в число которых входил и Шекспир, и собственно владельцами-«учредителями»[126]. Гамлет продолжает:

> *Ham.* For thou dost know, O Damon dear,
> This realm dismantled was
> Of Jove himself; and now reigns here
> A very, very—pajock (III.2.213—216).

> *Гамлет.* Мой милый Дамон, о поверь,
> На этом троне цвел
> Второй Юпитер, а теперь
> Здесь царствует — павлин.

Гамлет заменяет слово «ass» — «осел» более язвительным — «pajock» (павлин — в переводе М. Лозинского), имея в виду Клавдия. Тем самым он, образно говоря, «ломает» рифму, как бы превращая стих в прозу. В конце разговора с Горацио он опять читает стихи, произнося рифмованное двустишие:

> *Ham.* For if the king like not the comedy,
> Why then, belike he likes it not, perdy (III.2.223—224).

---

[126] Chambers Ed. Op. cit. — P. 190.

Гамлет. Раз королю не нравятся спектакли,
То, значит, он не любит их, не так ли?

В английском тексте Гамлет говорит не о «спектаклях», а о «комедии»: «Раз королю не нравится **комедия**» — «For if the king like not the **comedy**». Эта строка — пародийная переделка фразы из «Испанской трагедии» Томаса Кида: «Если миру не нравится эта трагедия» (And if the world like not this tragedy <...> IV.1.197))[127]. В классическом комментарии к пьесе[128] говорится, что, называя «Убийство Гонзаго» комедией (king like not the comedy), Гамлет пародирует трагедию мести. Стихотворная строка, которую Гамлет произносит перед монологом Луциана: «Взывает к мщенью каркающий ворон», — тоже пародия, на отрывок из пьесы «Правдивая история о Ричарде III», известной современникам Шекспира.

Что ему Гекуба?

Вслед за прерванной «Мышеловкой» Гамлет импровизирует: произносит еще *два четверостишия и двустишие* (приведенные выше) — всего *десять строк*. Луциан же успевает прочитать из дописанного Гамлетом монолога лишь *шесть строк*. В сумме получается *шестнадцать строк*. Если считать произносенные Гамлетом стихотворные строки продолжением прерванного монолога Луциана и принять их за единое целое, то выясняется, что рифма в них *«хромает» на двенадцатой строке* (на слове «was»), которая оказывается незарифмованной. Во время представления «Убийства Гонзаго» Гамлет «ломает» рифмованный монолог Луциана, прерывая его комментарием в

---

[127] Alexander N. Op. cit. — P. 170.
[128] Ibid.

прозе. После спектакля рифма у Гамлета снова «хромает», и теперь уже на Клавдии (Claudius — по-латыни значит «хромой»). Слова Гамлета в день приезда бродячих актеров «the blank verse shall halt» (II.2.324) — «пусть белый стих хромает» оказываются скрытым предвестием игры Шекспира с чередованием прозы и стиха.

Можно ли считать те десять рифмованных строк, которые Гамлет произносит для Горацио после спектакля, продолжением прерванного монолога Луциана? Вряд ли, несмотря на совпадение количества строк. Вернемся к словам Гамлета, после которых Клавдий встает и представление прерывается: «You shall see anon how the murderer gets the love of Gonzago's wife» (III.2.257—258). В русском переводе: «Сейчас вы увидите, как убийца снискивает любовь Гонзаговой жены». Из этих слов становится понятно, что в недочитанной части монолога речь шла о женщине, которую соблазняет убийца ее мужа. А в рифмованных стихах, которые Гамлет импровизирует после представления, говорится только о короле. Быть может, Шекспир «забыл» про монолог, который собирался дописать Гамлет? Или строки Гамлета просто-напросто утеряны? В литературоведении известны случаи, когда содержание утерянного отрывка и даже целого художественного произведения удавалось реконструировать путем сопоставления сохранившегося фрагмента с его источником. Существует ли *литературный прототип*, текст, вдохновивший Гамлета написать собственный монолог? Такой, каким была ода Горация «Exegi Monumentum» для пушкинского «Памятника» или «Божественная комедия» Данте для гоголевских «Мертвых душ».

Во время встречи с актерами Гамлет просит одного из них: *Ham.* <...> we'll have a speech straight. Come, give us a taste of your quality; come, a passionate speech (II.2.301) — «*Гамлет.* Давайте сразу же монолог; ну-ка, покажите нам образец вашего искусства; ну-ка, страстный монолог». На вопрос Первого актера: *First Player.* What speech, my good lord? (II.2.302) — «Какой монолог, мой добрый принц?» — Гамлет уточняет:

Ham. I heard thee speak me a speech once, but it was never acted; or, if it was, not above once; for the play, I remember, pleased not the million (II.2.303).

Гамлет. Я слышал, как ты однажды читал монолог, но только он никогда не игрался; а если это и было, то не больше одного раза; потому что пьеса, я помню, не понравилась толпе».

И далее:

Ham. One speech in it I chiefly loved; 'twas Æneas' tale to Dido; and thereabout of it especially, where he speaks of Priam's slaughter. If it live in your memory, begin at this line: let me see, let me see... (II.2.303).

Гамлет. Один монолог в ней я особенно любил; это был рассказ Энея Дидоне; и главным образом то место, где он говорит об убиении Приама. Если он жив в вашей памяти, начните с этой строки; позвольте, позвольте...

Неожиданно Гамлет сам начинает читать монолог, напоминая его Первому актеру:

Ham. The rugged Pyrrhus, like the Hyrcanian beast, —
'tis not so, it begins with Pyrrhus: —
(1) The rugged Pyrrhus, he, whose sable arm,
(2) Black as his purpose, did the night resemble

(3) When he lay couched in the ominous horse,

(4) Hath now this dread and black complexion smear'd

(5) With heraldry more dismal; head to foot

(6) Now is he total gules; horridly trick'd

(7) With blood of fathers, mothers, daughters, sons,

(8) Bak'd and impasted with the parching streets,

(9) That lend a tyrannous and damned light

(10) To their vile murders: roasted in wrath and fire,

(11) And thus o'er-sized with coagulate gore,

(12) With eyes like carbuncles, the hellish Pyrrhus

(13) Old grandsire Priam seeks (II.2.307—318).

Гамлет. «Косматый Пирр с гирканским зверем схожий...»
Не так; начинается с Пирра:

(1) «Косматый Пирр — тот, чье оружие черно,

(2) Как мысль его, и ночи той подобно,

(3) Когда в зловещем он лежал коне, —

(4) Свой мрачный облик ныне изукрасил

(5) Еще страшней финифтью ныне он —

(6) Сплошная червлень весь расцвечен кровью

(7) Мужей и жен, сынов и дочерей,

(8) Запекшейся от раскаленных улиц,

(9) Что льют проклятый и жестокий свет

(10) Цареубийству; жгуч огнем и злобой,

(11) Обросший липким багрецом, с глазами,

(12) Как два карбункула, Пирр ищет старца

(13) Приама».

На этом месте монолог *прерывается,* Гамлет не дочитывает его до конца. Он произносит *двенадцать строк* и прерывает чтение на середине тринадцатой строки — образно говоря, монолог «хромает» на Приаме, троянском царе, муже Гекубы, перед сценой убийства его Пирром. Бросается в глаза перекличка с монологом Луциана, который был прерван перед убийством Гонзаго. Гамлет произносит дюжину (12) полных строк монолога Энея или «чертову дюжину неполных» (13), после чего *прерывает сам себя* и просит актера продолжить: *Ham.* So proceed you (II.2.319) — *Гамлет.* Теперь продолжайте вы».

Актер подхватывает текст с середины той строки, на которой остановился Гамлет:

First Player. Anon, he finds him.
Striking too short at Greeks; his antique sword,
Rebellious to his arm, lies where it falls,
Repugnant to command. Unequal match'd,
Pyrrhus at Priam drives; in rage strikes wide;
But with the whiff and wind of his fell sword
The unnerved father falls. Then senseless Ilium,
Seeming to feel this blow, with flaming top
Stoops to his base, and with a hideous crash
Takes prisoner Pyrrhus' ear: for lo! his sword,
Which was declining on the milky head
Of reverend Priam, seem'd i' the air to stick:
So, as a painted tyrant, Pyrrhus stood,
And like a neutral to his will and matter,
Did nothing.
But, as we often see, against some storm,
A silence in the heavens, the rack stand still,
The bold winds speechless and the orb below
As hush as death, anon the dreadful thunder
Doth rend the region; so, after Pyrrhus' pause,
Aroused vengeance sets him new a-work;
And never did the Cyclops' hammers fall
On Mars's armour, forg'd for proof eterne,

With less remorse than Pyrrhus' bleeding sword
Now falls on Priam.
Out, out, thou strumpet, Fortune! All you gods,
In general synod, take away her power;
Break all the spokes and fellies from her wheel,
And bowl the round nave down the hill of heaven,
As low as to the fiends! (II.2.320—350)

Первый актер. «Вот его находит он
Вотще разящим греков; ветхий меч,
Руке строптивый, лег, где опустился,
Не внемля воле; Пирр в неравный бой
Спешит к Приаму; буйно замахнулся;
Уже от свиста дикого меча
Царь падает. Бездушный Илион,
Как будто чуя этот взмах, склоняет
Горящее чело и жутким треском
Пленяет Пирров слух; и меч его,
Вознесшийся над млечною главою
Маститого Приама, точно замер.
Так Пирр стоял, как изверг на картине,
И, словно чуждый воле и свершенью,
Бездействовал.
Но как мы часто видим пред грозой —
Молчанье в небе, тучи недвижимы,
Безгласны ветры, и земля внизу
Тиха, как смерть, и вдруг ужасным громом
Разодран воздух; так, помедлив, Пирра
Проснувшаяся месть влечет к делам;
И никогда не падали, куя,
На броню Марса молоты Циклопов
Так яростно, как Пирров меч кровавый
Пал на Приама.

Прочь, прочь, развратница Фортуна! Боги,
Вы все, весь сонм, ее лишите власти;
Сломайте колесо ей, спицы, обод —
И ступицу с небесного холма
Швырните к бесам!»

В этом *театрализованном* монологе (II.2.320—350) возникает целая система мотивов и образов, находящих отголосок в основном действии пьесы Шекспира. «Пленяет Пирров слух» (Takes prisoner Pirrhus' ear), то есть дословно «берет ухо Пирра в плен». Мотив «уха» связан в «Гамлете» с убийством: Клавдий вливает яд в ухо спящему королю, отцу Гамлета. Критиками давно отмечено и сходство между картинным «бездействием» Пирра и действенным «бездействием» принца Датского[129]. В общей сложности Первый актер произносит тридцать строк монолога (320—350), пока Полоний не *прерывает* его презрительной прозаической репликой: «This is too long» — (Это слишком длинно.) Монолог актера, как и монолог Луциана, *прерывается*. И снова — прозой. И снова — Полонием. Вспомним, что представление «Мышеловки» репликой «Прекратите игру!» прерывает именно он. В ответ на слова Полония о «длине» монолога Энея Гамлет язвительно бросает: «*Нат. It shall to the barber's, with your beard*» (Это пойдет к цирюльнику, вместе с вашей бородой.) Обычно эта реплика трактуется как предвестие гибели Полония. Но, может быть, у нее есть и другой, скрытый смысл? А что если это впервые озвученное Гамлетом намерение сократить рассказ Энея и переделать его в собственный монолог? Рассказ Энея об убийстве Приама должен был напомнить Гамлету об убийстве собственного отца.

---

[129] Johnston A. The Player's Speech in Hamlet // Shakspeare Quaterly. — 1962. — Vol. XIII. — P. 25—26.

По мнению комментаторов, литературным источником монолога Энея в «Гамлете» Шекспира могла послужить пьеса Марло и Нэша «Трагедия Дидоны, Царицы Карфагена»[130]. В ней рассказ Энея напоминает соответствующий отрывок из «Энеиды» Вергилия. Монолог Первого актера, читающего монолог Энея, близок к версии Вергилия, но Шекспир мог знать и «Трагедию Дидоны». У Шекспира, как и у Марло и Нэша, Приам падает от свиста Пиррова меча. В шекспировской версии Пирр «с глазами, как два карбункула». В «Трагедии Дидоны» говорится о «глазах Мегеры», которая изображалась с налитыми кровью глазами. Шекспир прерывает монолог «своего» Энея в момент убийства Приама (Пирров меч кровавый пал на Приама). В этом месте Эней у Вергилия говорит:

> Я обомлел, и впервые объял меня ужас жестокий:
> Милого образ отца мне представился в это мгновенье,
> Ибо я видел, как царь, ровесник ему, от удара
> Страшного дух испустил[131].

Живописная *словесная картина* смерти Приама вызвала в Энее страх за судьбу собственного отца. Волнение Гамлета в этой сцене сходно с волнением Энея. Принц наверняка хорошо «помнил» кровавую сцену из «Энеиды», напомнившую ему об убийстве отца. В монологе Энея Гамлет слышит отзвуки собственной трагедии. В том, что было «тогда, в Трое», в архаическом прошлом, он улавливает отголосок происходящего «здесь и сейчас», при датском дворе. Гамлет просит актера: «Продолжай; перейди к Гекубе». Первый актер продолжает: «О, кто бы видел жалкую царицу» (But who, O, who had seen the mobled queen).

[130] Bullough G. Narrative and Dramatic Sources of Shakespeare. Vol. VII. — London, 1973. — P. 37—38.

[131] Вергилий. Энеида / пер. С. Ошерова. — М.: Худ. лит., 1979. — Кн. 2. Стихи 559—562.

И Гамлет снова прерывает актера вопросом: «Жалкую царицу?» (The mobled queen? II.2). Он вспомнил о матери.

Вторая часть монолога Энея посвящена судьбе Гекубы, царицы, потерявшей мужа. Первый актер продолжает чтение с «жалкой царицы» (mobled queen):

(1) «But who, O, who had seen the mobled queen, —»
(2) *First Player.* «Run barefoot up and down, threat'ning the flames
(3) With bisson rheum; a clout upon that head
(4) Where late the diadem stood; and, for a robe,
(5) About her lank and all o'er-teemed loins,
(6) A blanket, in the alarm of fear caught up;
(7) Who this had seen, with tongue in venom steep'd,
(8)'Gainst Fortune's state would treason have pronounc'd:
(9) But if the gods themselves did see her then,
(10) When she saw Pyrrhus make malicious sport
(11) In mincing with his sword her husband's limbs,
(12) The instant burst of clamour that she made —
(13) Unless things mortal move them not at all —
(14) Would have made milch the burning eyes of heaven,
(15) And passion in the gods» (II.2.356—369).

(1) «Но кто бы видел жалкую царицу...»
(2) «...Бегущую босой в слепых слезах,
(3) Грозящих пламени; лоскут накинут
(4) На венценосное чело, одеждой
(5) Вкруг родами иссушенного лона —
(6) Захваченная в страхе простыня;
(7) Кто б это видел, тот на власть Фортуны
(8) Устами змея молвил бы хулу;
(9) И если бы ее видали боги,
(10) Когда пред нею, злобным делом тешась,

(11) Пирр тело мужнее кромсал мечом,

(12) Мгновенный вопль исторгшийся у ней, —

(14) Коль смертное их трогает хоть мало, —

(15) Огни очей небесных увлажнил бы / И возмутил богов».

Полоний *прерывает* рассказ актера о Гекубе после слов «И возмутил богов» (And passion in the gods) репликой: «Look, whether he has not turned his colour and has tears un's eyes. — Pray you, no more» (Смотрите, ведь он изменился в лице, и у него слезы на глазах. Пожалуйста, довольно.) *перед шестнадцатой строкой.* Это еще одно косвенное свидетельство в пользу гипотезы о числовой символике, скрытой в обещании Гамлета дописать монолог в «двенадцать или шестнадцать строк». После того как Полоний прерывает монолог о Гекубе, Гамлет обращается к Первому актеру: «I'll have thee speak out the rest soon» (Хорошо, ты мне доскажешь остальное потом.) Эти слова перекликаются с его последней репликой: «The rest is silence» (Остальное — молчание.) Недочитанным остался не только монолог Энея, недосказанной до конца осталась и жизнь Гамлета.

Рассказ о гибели Приама оживил в Гамлете память об отце, а рассказ о страданиях Гекубы заставил его задуматься о судьбе матери. Монолог Энея, исполненный актером, — это мета-пьеса, поставленная Гамлетом для самого себя. Возможно, он как автор хотел испытать на себе силу собственной постановки. Оставшись наедине с самим собой, Гамлет произносит монолог, в котором речь идет о монологе (speech):

Ham. ...And all for nothing!
For Hecuba?
What's Hecuba to him, or he to Hecuba ...
< ... >

Ham... He would drown the stage with tears,
And cleave the general ear with horrid **speech**... (II.2.390—395).

Гамлет. ... И все из-за чего?
Из-за Гекубы! **Что ему Гекуба**,
Что он Гекубе...
<...>
Гамлет. ...Залив слезами сцену,
Он общий слух рассек бы грозной **речью.**

После встречи с актерами Гамлет намерен поставить на Клавдии такой же театральный эксперимент, который он сначала поставил на себе. Испытав воздействие монолога Энея на самом себе, Гамлет сочиняет свой монолог, «грозную речь» (horrid speech), дабы «рассечь» ею «общий слух» (the general ear), прежде всего слух Клавдия. Проступает сходство между монологом Энея об убийстве Приама и монологом Луциана перед убийством Гонзаго. Напрашивается догадка, что скорее всего именно монолог Энея и послужил Гамлету литературным прототипом монолога, который он дописал к старой пьесе.

Монолог Энея распадается на две части. Первая часть повествует об убийстве Приама, а вторая — о страданиях Гекубы, потерявшей мужа. Монолог, дописанный Гамлетом, также состоит из двух частей. Первая — об убийстве короля. Вторая (содержание которой нам известно лишь из прозаического пояснения самого Гамлета) — о «Гонзаговой жене», королеве, потерявшей мужа. Сравним монолог Энея (в пьесе Шекспира «Гамлет») и монолог Луциана (в пьесе Гамлета «Мышеловка»). Так звучит начало монолога Энея в исполнении Гамлета:

Ham. «The rugged Pyrrhus, — whose sable arms,
Black as his purpose...» (II.2).

Гамлет. Косматый Пирр — тот, чье оружье черно,
Как мысль его...

А вот монолог Луциана:

Luc. «Thoughts black, hands apt...» (III.2).

Луциан. Рука тверда, дух черен...

Оружье Пирра в монологе Энея «черно, как мысль его» или, если буквально перевести «black as his purpose», — «черно, как его замысел». У Луциана «черны» сами «мысли» (thoughts black). Из первой части монолога Энея (*об убийстве* Приама) Гамлет читает наизусть полные *двенадцать* строк, прерываясь на середине тринадцатой строки. Вторая часть монолога Энея — о Гекубе, прерывается Полонием перед непрочитанной *шестнадцатой* строкой. Это неожиданное разделение монолога Энея на 12 и 16 строк перекликается с «дюжиной или шестнадцатью строками», которые Гамлет обещал сочинить в добавление к старой пьесе.

Попытаемся ответить на два вопроса: где та часть монолога Энея о судьбе Гекубе, который мы не услышали из-за того, что Полоний прервал Первого актера? Опираясь на символическое сходство образов Гекубы и Гертруды, можно предположить, что этот фрагмент монолога Энея Гамлет переработал в ту часть дописанного им монолога, где речь идет, по его собственным словам, о «соблазнении Гонзаговой жены». И второй вопрос: где та часть монолога «о соблазнении Гонзаговой жены», которую зрители так и не услышали в результате прерывания спектакля? В образном смысле недочитанная часть монолога Луцина «о Гонзаговой жене», а на самом деле, конечно же, «о Гертруде», находит выражение в сцене разговора Гамлета с королевой. В этой сцене Гамлет наяву «показывает» королеве то, что не успел «показать» Луциан на сцене, а именно: «как убийца снискивает любовь Гонзаговой жены», то есть как убийца Клавдий «снискивает любовь» жены убитого им короля.

Символическая параллель между Гертрудой и Гекубой очевидна. После гибели мужа Гекуба становится рабыней Одиссея и умирает в плену. Гертруда после смерти мужа попадает в «рабство» к Клавдию и умирает от яда. При этом Гекуба, героиня одноименной трагедии Еврипида «сродни Гекате, божеству смерти и привидений, ночному светилу»[132]. Образ Гекаты, наделявшей травы «тлетворной», «смертельной» силой, воплощает в пьесе мотив «яда» в монологе Луциана:

Luc. Thou mixture rank, of midnight weeds collected,
With Hecate's ban thrice blasted, thrice infected ... (III.2.195—196)

Луциан. Тлетворный сок полночных трав, трикраты
Пронизанный проклятием Гекаты ...

Тем самым обнаруживается скрытая перекличка между Гекатой, Гекубой и Гертрудой (Hecate, Hecube и Gertrude), чьи образы объединены мотивом смерти и яда.

Пирам и Фисба

Как мы видели, метапьеса, поставленная Гамлетом — от сцены отравления в «Убийстве Гонзаго» до разговора принца с Горацио после прерванного представления — имеет рамочное построение. Пьеса начинается и заканчивается пародийными

---

[132] Фрейденберг О.М. Миф и литература древности. — М., 1978. — С. 345.

переделками Гамлетом строк из двух известных пьес — «Испанской трагедии» и «Правдивой истории о Ричарде III». Переделывая старую итальянскую пьесу «Убийство Гонзаго», Гамлет превращает ее в пародию на трагедию, то есть в комедию, на фоне которой трагедия самого Гамлета, написанная Шекспиром, оказывается подлинной трагедией. Выступая в метароли *автора-драматурга,* Гамлет пародирует и переделывает не одну пьесу, а целых три: «Прислушайтесь к словам Гамлета о пьесе. Трудно представить себе, чтобы это было бы чем-то иным, чем пародией на элитарные взгляды на театр»[133].

Пародирует трагедии не только драматург Гамлет, но и драматург Шекспир. Комедия «Сон в летнюю ночь» — единственная пьеса Шекспира, в которой, как и в «Гамлете», воспроизводится весь процесс создания «спектакля в спектакле»: персонажи репетируют пьесу, распределяют роли, заводят речь о написании к ней добавления. Во многих отношениях «Сон в летнюю ночь» выглядит неявной пародией на «Гамлета». Имя Пирама (Pyramus), шутовского персонажа во вставной пьесе «Пирам и Фисба», фонетически перекликается с именем Пирра (Pyrrhus), трагедийной фигуры в рассказе Энея в «Гамлете». Оба имени семантически связаны с мотивом «огня». Метапьеса «Пирам и Фисба», поставленная и разыгранная актерами-ремесленниками в комедии, по выражению самих персонажей, представляет собой «веселую трагедию», то есть пародию на трагедию. Смерть героя в ней буффонная: Пирам убивает себя «понарошку». В «Гамлете» Луциан убивает Гонзаго «всерьез». Слова «O night with hue so **black**!» (Ночь, что как мрак **черна**! (пер. Т. Щепкиной-Куперник)) в монологе Пирама (V.1.168—179) выглядят как шутовской парафраз слов «thoughts **black**» в монологе Луциана. Кроме того, в монологе Пирама — от строки «O grim-look'd night» (О ночи

---

[133] Roth S. Op. cit. — P. 14.

тьма!) до строки «Curs'd be thy stones for thus deceiving me» (Будь проклята, Стена, ты за измену) ровно *двенадцать* строк. Во время репетиции ремесленник Основа говорит о прологе. В его словах «восьмисложные с восьмисложными» завуалировано число *шестнадцать*:

Quin. Well, we will have such a **prologue**, and it shall be written in **eight and six**.

Bot. No, make it two more: let it be written in **eight and eight** (III.1.42).

Пигва. Отлично, закажем пролог, велим его написать **восьмисложными и шестисложными стихами**.

Основа. Не пожалейте лишних двух стоп: пусть уж будут **восьмисложные с восьмисложными**.

Как и в словах Гамлета о монологе в «шестнадцать строк», в реплике Основы фигурирует то же число *шестнадцать*, которое получается в сумме при сложении «eight and eight». В арденском комментарии говорится, что пролога, написанного «восьмисложными и шестисложными стихами», о котором говорил Пигва Основе, в пьесе просто нет, так как текст Пролога в исполнении Пигвы написан не метром баллады, о котором шла речь[134]. Между тем в монологе Пирама во вставной пьесе «Sweet Moon, I thank you for thy sunny beams» (Благодарю, Луна, за солнечны лучи (V.1.261—276)) содержится ровно *шестнадцать* строк.

Настойчивое упоминание или завуалированная подача одних и тех же чисел или числовых характеристик в разных пьесах имеет место в схожих обстоятельствах, а именно — когда

---

[134] Brooks H.F. The Arden Shakespeare. A Midsummer Night's Dream. — London, 1996. — P. 53.

речь заходит о *написании, сочинении стихотворного добавления* к вставной пьесе (монолога и пролога). Это указывает на использование Шекспиром числительных для выражения мотива, связанного с творчеством, сочинительством, литературным трудом.

Королевский заклад

Заданный в словах Гамлета о «двенадцати или шестнадцати строках» монолога мотив игры с числами 12 и 16 пронизывает всю пьесу. Перед поединком Гамлета с Лаэртом придворный Озрик сообщает принцу:

Osr. The king, sir, hath laid, that in a **dozen** passes between yourself and him, he shall not exceed you three hits; he hath laid on **twelve** for nine, and it would come to immediate trial, if your lordship would vouchsafe the answer (V.2.125).

Озрик: Король, мой принц, поспорил, мой принц, что в **двенадцать** ваших схваток с ним он не опередит вас больше, чем на три удара; он ставит **двенадцать** против девяти; и может последовать немедленное состязание, если ваше высочество соблаговолит дать ответ.

Если Гамлет собирается написать «двенадцать (дюжину) или шестнадцать строк», то Клавдий задумывает «двенадцать (дюжину) схваток» в поединке между Гамлетом и Лаэртом. Слова Озрика об условиях поединка считаются в шекспироведении одним из загадочных «темных мест»[135]. На первый взгляд все понятно: король «бьется об заклад», что в

---

[135] Jenkins H. Op. cit. — P. 561—565.

поединке, состоящем из *двенадцати схваток*, Лаэрт не опередит Гамлета более чем на три результативных удара. По этим условиям Лаэрт будет считаться выигравшим «заклад» только при счете 8:4 в свою пользу. Если же он победит Гамлета со счетом 7:5, то разница составит лишь два очка, и заклад выиграет король. Однако этот подсчет верен только в том случае, если каждая схватка будет заканчиваться результативным ударом одного из соперников. Трудность интерпретации возникает из-за слов «он ставит двенадцать против девяти». Некоторые комментаторы полагают, что местоимение «он» относится к Лаэрту, то есть король спорит, что Лаэрт наберет максимум «двенадцать» очков, а Гамлет «девять». Но это не согласуется с общим количеством схваток — «двенадцать». Вначале речь идет о двенадцати поединках, потом о двенадцати результативных ударах. В арденском комментарии приводится две версии: либо мы имеем дело с текстуальной ошибкой, либо Шекспир не сказал, что он имел в виду. Какие только арифметические манипуляции с числами 3, 9 и 12 не предлагались шекспироведами в попытке объяснить имеющееся несоответствие. Между тем в словах «двенадцать против девяти» нет никакого противоречия: в одной схватке *оба* соперника могут нанести *друг другу* по результативному удару. Так и происходит в пьесе. Первые две схватки выигрывает Гамлет. Поединок прерывается на третьей схватке: Лаэрт ранит Гамлета отравленной рапирой, после чего соперники меняются рапирами и Гамлет ранит Лаэрта. Формально счет 3:1 в «пользу» Гамлета. В ходе поединка зафиксировано четыре результативных удара: три наносит Гамлет и один — Лаэрт.

Поединок между Гамлетом и Лаэртом, «спектакль в спектакле», поставленный Клавдием для Гамлета в ответ на его «Мышеловку», можно условно назвать «Дуэлью». Перед ней Клавдий говорит:

King. Set me the stoups of wine upon that table.
If Hamlet give the first or second hit,
Or quit in answer of the third exchange,
Let all the battlements their ordnance fire... (V.2.196—199)

Король. Вино на стол поставьте. — Если Гамлет
Наносит первый иль второй удар,
Или дает ответ при третьей схватке,
Из всех бойниц велеть открыть огонь...

Так все и происходит в действительности: Гамлет наносит «первый и второй удар», а затем «дает ответ при третьей схватке», на которой и *прерывается* спектакль Клавдия. Вся сцена от начала до конца разыгрывается по заранее *написанному* сценарию *автора-драматурга* Клавдия, однако результат оказывается иным, чем он задумывал:

King. The king shall drink to Hamlet's better breath;
And in the cup an union shall he throw,
Richer than that which four successive kings
In Denmark's crown have worn. Give me the cups;
And let the kettle to the trumpet speak, *204*
The trumpet to the cannoneer without,
The cannons to the heavens, the heavens to earth,
«Now the king drinks to Hamlet!»

Король. За Гамлета король подымет кубок,
В нем утопив жемчужину, ценнее
Той, что носили в датской диадеме
Четыре короля. — Подайте кубки,
И пусть литавра говорит трубе,
Труба — сторожевому пушкарю,
Орудья — небу, небеса — земле:
«Король пьет здравье Гамлета!» —

Последняя фраза оказывается скрытым предвестием, ведь в финале Гамлет заставляет короля выпить отравленное вино: «Пей свой напиток!».

При всем различии между «Дуэлью» и «Мышеловкой» обе инсценировки имеют внутреннее структурное сходство. Вместо двенадцати строк монолога, дописанного Гамлетом, Луциан успевает прочитать только шесть. Вместо двенадцати схваток, задуманных Клавдием, поединок прерывается на третьей. Сцена убийства, на которой была прервана «Мышеловка», находит символическое продолжение в сцене убийства Полония. «Дуэль», прерванная сценой убийства (отравление ядом Гертруды и Лаэрта), находит продолжение в сцене убийства: Гамлет «доигрывает» пьесу, поражая короля отравленным клинком: «Клинок отравлен тоже! — Ну так за дело, яд!». Клавдий говорил о *двенадцати* схватках, а Гамлет наносит четвертый «результативный» удар: 12 + 4 = 16. Возникает символическая перекличка не только между «двенадцатью схватками», которые Клавдий задумал в ответ на «двенадцать строк» Гамлета, но и между числом «шестнадцать», завуалированном в количестве схваток и результативных ударов в поединке, и «шестнадцатью строками» монолога.

Мотив игры с числами задан уже в первых сценах трагедии. Призрак появляется около *«двенадцати»* часов. *Три раза* его видят дозорные, но только *на четвертый раз* — при встрече с Гамлетом — он призывает его «отмстить» (revenge), то есть в буквальном смысле «взять реванш», «нанести ответный удар». Это *событие* происходит после *двенадцати* часов во время *четвертого* появления Призрака: 12 + 4 = 16. А вот что рассказывает Озрик перед поединком Гамлета с Лаэртом:

Osr. The king, sir, hath *wagered* with him **six** Barbary horses; against the which he has imponed, as I take it, **six** French rapiers and poniards, with their assigns (V.2).

Озрик: Мой принц, король *поставил против него в заклад* **шесть** берберийских коней, взамен чего тот поставил, насколько я знаю, **шесть** французских рапир и кинжалов с их принадлежностями.

Шесть берберийских коней против шести французских рапир означает, что общее число предметов: 6 + 6 = 12. Это число соответствует числу планируемых схваток. Луциан успевает прочитать 6 строк сочиненного Гамлетом монолога. Король выставляет в заклад 6 лошадей. Лаэрт дополнительно выставляет в заклад не только шесть рапир и кинжалов, но и их принадлежности:

Osr. ...as girdle, hangers, and so: **three** of the carriages, in faith, are very dear to fancy... (V.2.120).
Ham. What call you the carriages?..
Osr. The carriages, sir, are the hangers.
Ham. The phrase would be more german to the matter, if we could carry cannon by our sides; I would it might be hangers till then. But, on; **six** Barbary horses against **six** French swords, their assigns, and **three** liberal-conceited carriages; that's the French bet against the Danish... (V.2.124)

Озрик. ...как то: пояс, портупеи и прочее: **три** из этих сбруй, честное слово, весьма тонкого вкуса...
Гамлет. Что вы называете сбруями?
Озрик. Сбруи, мой принц, это портупеи.
Гамлет. Это слово было бы скорее сродни предмету, если бы мы на себе таскали пушку; а пока пусть это будут портупеи. Но дальше: **шесть** берберийских коней против **шести** французских шпаг, их принадлежностей и **трех** приятно измышленных сбруй; таков французский заклад против датского...

По условиям пари король дает Гамлету фору в 3 удара. Лаэрт дополнительно к 6 шпагам выставляет в заклад 3 сбруи — всего 9 предметов. И, наконец, совершенная мистика чисел: слово «poison» (яд), связанное в пьесе не только с отравлением короля, но и с убийством Гамлета во время поединка с Лаэртом, встречается в трагедии 9 раз. Слово «revenge» (месть) употреблено 16 раз, так же, как и слово «speech» (монолог): дописанный Гамлетом монолог в «дюжину или шестнадцать строк» воплощает метафорическую, театральную «месть» Гамлета королю. 16 раз встречается и слово «drink» (питье), которое в пьесе связано с мотивом смерти от яда. Клавдий гибнет на 16-м употреблении слова «drink», когда Гамлет заставляет его выпить отравленное вино[136].

Полуночный Призрак

Дюжина, число 12 в пьесе символически связано с Призраком. Впервые Призрак появляется на сцене вскоре после полуночи, когда Бернардо говорит: «Двенадцать бьет». Второе появление Призрака на сцене тоже происходит после полуночи:

Ham. What hour now?
Hor. I think it lacks of twelve
Mar. No, it is struck (I.4.3—5).

Гамлет. Который час?
Горацио. Должно быть, скоро полночь.
Марцелл. Уже пробило.

---

[136] Shakespeare Concordance (opensourceshakespeare.org).

В оригинале: «it lacks of twelve», то есть «скоро двенадцать». Сегмент текста между первым появлением Призрака и его уходом составляет 12 строк (от слов *Mar.* Peace, break thee off. Look where it comes again (I.1.43). — *Марцелл.* Тсс. Замолчи; смотри, вот он опять!) и до реплики Марцелла: It is offended (I.1.53) — Он оскорблен. А сегмент текста между словами Горацио во время второго появления Призрака (If thou hast any sound or use of voice (I.1.131) — Когда владеешь звуком ты иль речью и репликой: 'His here (I.1.145) — Он здесь) составляет 16 строк[137]. Призрак появляется после полуночи и исчезает на рассвете при крике петуха. Получается, что по астрономическому, а не театральному времени он бродит по сцене в течение нескольких часов между полуночью и рассветом. Пытаясь определить месяц или хотя бы время года, когда является Призрак, критики расходились во мнениях: одни полагали, что весной, другие — что позже. Самый ранний рассвет в году приходится на двадцатые числа июня, когда солнце встает около 4.30 утра. Вот что говорил Полоний королю о Гамлете:

Pol. You know sometimes he walks **four hours** together
Here in the lobby (II.2.172—173).

Полоний. Вы знаете, он иногда **часами**
Гуляет здесь по галерее.

В английском: «four hours», то есть «четыре часа», а не «часами», как в русском переводе, хотя многие комментаторы склонны полагать, что Шекспир имел в виду не «four hours», а все-таки «for hours», то есть «часами», «несколько часов»[138].

---

[137] Rose M. Shakespearian Design. — Harvard, 1974. — P. 96—105.
[138] Chambers Ed. Op. cit. — P. 173.

Между тем числительное «четыре» употреблено во всех изданиях «Гамлета»[139]. Из текста следует, что Гамлет «гуляет по галерее **четыре часа**» подряд, в то время как Призрак «гуляет» по сцене с полуночи до рассвета в течение нескольких часов. Точная продолжительность «прогулки» Призрака зависит от месяца и времени восхода солнца. В любом случае Призрак приходит сразу после 12 ночи и появляется на площадке перед замком 4 раза подряд. Гамлет гуляет по галерее 4 часа. Сложение чисел 12 и 4 в сумме дает «шестнадцать», почти мистическое число в пьесе.

Песни Офелии

Контраст между притворным сумасшествием Гамлета и настоящим безумием Офелии передан с помощью числовой символики. Гамлет сочиняет «**двенадцать** или **шестнадцать** строк», из которых Луциан успевает прочитать только шесть. Офелия раздает **шесть** цветов (розмарин, анютины глазки, укроп, водосбор, руту и маргаритку), а ее песни, если использовать сквозную нумерацию, состоят из 12 и 16 строк. Вот песня, которую поет обезумевшая Офелия:

Oph. 'How should I your true love know (1)
From another one? (2)
By his cockle hat and staff, (3)
And his sandal shoon'. (4)
'He is dead and gone, lady, (5)
He is dead and gone; (6)
And his head a grass-green turf; (7)
And his heels a stone'. (8)

---

139 Jenkins H. Op. cit. — P. 245.

‘White his shroud as the mountain snow, (9)
Larded with ‘sweet flower; (10)
Which bewept to the grave did go (11)
With true-love showers’. (12) **(IV.5)**

Офелия. (Поет.)
(1) «Как узнать, кто милый ваш?
(2) Он идет с жезлом.
(3) Перловица на тулье,
(4) Поршни с ремешком».

(5) «Ах, он умер, госпожа,
(6) Он — холодный прах;
(7) В головах зеленый дерн,
(8) Камешек в ногах».

(9) «Саван бел, как горный снег...»
(10) «Цветик над могилой;
(11) Он в нее сошел навек,
(12) Не оплакан милой».

Эти три катрена (12 строк) о любви и смерти по форме похожи на фрагменты баллад. Следующий песенный текст состоит из 16 строк:

Oph. ‘To-morrow is Saint Valentine’s day, (1)
All in the morning betime, (2)
And I a maid at your window, (3)
To be your Valentine: (4)
Then up he rose, and donn’d his clothes, (5)
And dupp’d the chamber door; (6)
Let in the maid, that out a maid (7)
Never departed more’. (8)

'By Gis and by Saint Charity, (9)
Alack, and fie for shame! (10)
Young men will do't, if they come to't; (11)
By Cock they are to blame. (12)
Quoth she, before you tumbled me, (13)
You promis'd me to wed'. (14)

'So would I ha' done, by yonder sun, (15)
As thou hadst not come to my bed'. (16) **(IV.5)**

Офелия. (Поет.)
(1) «Заутра Валентинов день,
(2) И с утренним лучом
(3) Я Валентиною твоей
(4) Жду под твоим окном.
(5) Он встал на зов, был вмиг готов,
(6) Затворы с двери снял;
(7) Впускал к себе он деву в дом,
(8) Не деву отпускал».
(Поет.)
(9) «Клянусь Христом, святым крестом.
(10) Позор и срам, беда!
(11) У всех мужчин конец один;
(12) Иль нет у них стыда?
(13) Ведь ты меня, пока не смял,
(14) Хотел женой назвать!»

(15) «И было б так, срази нас враг,
(16) Не ляг ты ко мне в кровать».

Эта песня выглядит пародией на любовную балладу: обычно «под окном ждет» мужчина, а не женщина. Поющую Офелию прерывает сначала королева (Ах, милая, что значит эта песнь?), потом король (О, милая Офелия!). Повторяется прием прерывания стихотворных текстов, написанных с соблюдением заранее заданных параметров, таких, как количество строк (монолог Луциана) или тематика («балладные» песни Офелии).

Обвинительная речь

Монолог Гамлета, который он читает перед разговором с матерью: «'Tis now the very witching time of night» (Теперь как раз тот колдовской час ночи. III.2.379), состоит из *дюжины*, то есть *двенадцати* строк. Этот монолог, как и сонеты Шекспира, заканчивается рифмованным двустишием:

Ham. How in my words somever she be shent,
To give them seals never my soul consent (III.2.390).

Гамлет. Хоть на словах я причиню ей боль,
Дать скрепу им, о сердце, не дозволь!

В комнате королевы на вопрос Гертруды: what have I done? (Но что я сделала? (III.4.47)) — Гамлет произносит *обвинительную речь*:

Ham. Such an act (1)
That blurs the grace and blush of modesty, (2)
Calls virtue hypocrite, takes off the rose (3)
From the fair forehead of an innocent love (4)
And sets a blister there, makes marriage vows (5)
As false as dicers' oaths; O! such a deed (6)
As from the body of contraction plucks (7)
The very soul, and sweet religion makes (8)
A rhapsody of words; heaven's face doth glow, (9)

Yea, this solidity and compound mass, (10)
With tristful visage, as against the doom, (11)
Is thought-sick at the act. (12)
(III.4.49—60)

Гамлет. Такое дело,

Которое пятнает лик стыда,

Зовет невинность лгуньей, на челе

Святой любви сменяет розу язвой;

Преображает брачные обеты

В посулы игрока; такое дело,

Которое из плоти договоров

Изъемлет душу, веру превращает

В смешенье слов; лицо небес горит;

И эта крепь и плотная громада

С унылым взором, как перед Судом,

Скорбит о нем.

В этой обвинительной речи — *дюжина, двенадцать* строк. В конце этой сцены Гамлет сообщает матери о замысле короля умертвить его по прибытии в Англию и о своем намерении «взорвать землекопа его же миной»:

Ham. There's letters seal'd; and my two schoolfellows, (1)
Whom I will trust as I will adders fang'd, (2)
They bear the mandate; they must sweep my way, (3)
And marshal me to knavery. Let it work, (4)
For 'tis the sport to have the enginer (5)
Hoist with his own petar: and it shall go hard (6)
But I will delve one yard below their mines, (7)
And blow them at the moon. O! 'tis most sweet, (8)
When in one line two crafts directly meet. (9)

This man shall set me packing; (10)
I'll lug the guts into the neighbour room. (11)
Mother, good-night. Indeed this counsellor (12)
Is now most still, most secret, and most grave, (13)
Who was in life a foolish prating knave. (14)
Come, sir, to draw toward an end with you. (15)
Good-night, mother. (16)
(III.4.224—239)

Гамлет. Готовят письма; два моих собрата,

Которым я, как двум гадюкам, верю,

Везут приказ; они должны расчистить

Дорогу к западне. Ну что ж, пускай;

В том и забава, чтобы землекопа

Взорвать его же миной; плохо будет,

Коль я не вроюсь глубже их аршином,

Чтоб их пустить к луне; есть прелесть в том,

Когда две хитрости столкнутся лбом!

Вот кто теперь ускорит наши сборы;

Я оттащу подальше потроха. —

Мать, доброй ночи. Да, вельможа этот

Теперь спокоен, важен, молчалив,

А был болтливый плут, пока был жив. —

Ну, сударь мой, чтоб развязаться с вами... —

Покойной ночи, мать.

В этом фрагменте формально 16 строк, но «театрализованный» текст, который заканчивается рифмованным двустишием:

Ham. Is now most still, most secret, and most grave

Who was in life a foolish prating knave (III.4.236—237) — перед «ремаркой»: «Come, sir...» (III.4.238) состоит из 14 строк.

Стихотворные «речи» Гамлета по количеству строк приближаются к сонету.

Бедный Йорик

Гамлет спрашивает могильщика:

Ham. How long hast thou been a grave-maker?
First Clo. Of all the days i' the year, I came to 't that day that our last King Hamlet overcame Fortinbras.
Ham. How long is that since?
First Clo. Cannot you tell that? every fool can tell that; it was the very day that young Hamlet was born...
First Clo. I have been *sexton* here, man and boy, *thirty* years (V.1.56—59; 68).

Гамлет. Как давно ты могильщиком?
Первый могильщик. Из всех дней в году я начал в тот самый день, когда покойный король наш Гамлет одолел Фортинбраса.
Гамлет. Как давно это было?
Первый могильщик. А вы сами сказать не можете? Это всякий дурак может сказать: это было в тот самый день, когда родился молодой Гамлет...
Первый могильщик. ...я здесь могильщиком с молодых годов, вот уж тридцать лет.

Отсюда следует, что Гамлету ровно *тридцать* лет. Он родился в день победы своего отца, старого Гамлета, и в день смерти старого Фортинбраса. Любопытная отсылка к финальной сцене трагедии: молодой Фортинбрас торжествует победу в день смерти принца Гамлета.

В Первом фолио, которое считается наиболее приближенным к «настоящему» тексту Шекспира, слова могильщика звучат иначе: «Why heere in Denmarke: I have bin *sixeteene* heere, man and Boy thirty yeares» (F1:3351)[140]. Это означает, что «Я был (могильщиком) здесь *шестнадцать* лет, и я жил здесь в Дании как мальчик и мужчина тридцать лет». Получается, что тридцать лет могильщику, а не Гамлету. Вопрос о возрасте Гамлета обсуждается со времени выхода в свет так называемого «A New Variorum» — издания «Гамлета» в 1877 году[141]. Интересна не столько проблема биологического возраста Гамлета, сколько семантика числового мотива, спрятанная в словах могильщика. Упоминание могильщиком в Первом фолио о «шестнадцати» годах, а в Первом кварто о «дюжине» лет, которые пролежал в могиле череп, дает основание говорить об использовании Шекспиром числительных для выражения мотива «монолог-смерть»: монолог (дюжина или шестнадцать строк) — смерть (дюжина лет черепу — шестнадцать лет работы могильщика). Согласно каноническим оксфордскому и арденскому текстам Гамлету в пьесе тридцать лет, и его возраст совпадает с тем количеством лет, в течение которых состоят в браке Актер-король и Актер-королева, фигуры которых олицетворяют старого Гамлета и Гертруду:

P. King. Full thirty times hath Phœbus' cart gone round
Neptune's salt wash and Tellus' orbed ground,
And thirty dozen moons with borrow'd sheen
About the world have times twelve thirties been,
Since love our hearts and Hymen did our hands
Unite commutual in most sacred bands (III.2.102—107).

---

[140] Folio. 1. 1623.

[141] Variorium (Furness Variorium). — London, 1877.

Актер-король. Се тридцать раз круг моря и земли
Колеса Феба в беге обтекли,
И тридцатью двенадцать лун на нас
Сияло тридцатью двенадцать раз,
С тех пор как нам связал во цвете дней
Любовь, сердца и руки Гименей.

Кроме символики числа 30 просматривается игра с числом 12: «dozen moons» (двенадцать лун) — это *двенадцать* полных циклов, один год. Далее следует текст Актера-королевы, состоящий ровно из *двенадцати* строк. В сцене с могильщиками также заходит разговор о «девяти годах»:

Ham. How long will a man lie i' the earth ere he rot?
First Clo. Faith, if he be not rotten before he die, — as we have many pocky corses now-a-days, that will scarce hold the laying in, — he will last you some eight year or **nine** year; a tanner will last you **nine** year (V.1.70—71).

Гамлет. Сколько времени человек пролежит в земле, пока не сгниет?
Первый могильщик. Да что ж, если он не сгнил раньше смерти — ведь нынче много таких гнилых покойников, которые и похороны едва выдерживают, — так он вам протянет лет восемь, а то и **девять** лет; кожевник, тот вам протянет **девять** лет.

Мотив «мертвого тела», «покойника» связан с числительным *девять.* В трагедии 9 персонажей-покойников, чьи роли обозначены в списке действующих лиц: Призрак, Гамлет, Клавдий, Полоний, Лаэрт, Офелия, Гертруда, Розенкранц и Гильденстерн. В этот ряд не входят, например, Йорик, чья роль передана только в рассказе, но не воплощена на сцене.

First Clo. ...Here's a skull now; this skull hath lain you i' the earth three-and-twenty years (V.1.72).

Первый могильщик. Вот еще череп; этот череп пролежал в земле двадцать лет и три года.

В оксфордском и арденском текстах сказано «three and twenty years», то есть «три и двадцать лет». Речь идет о черепе придворного шута, «бедного Йорика», который «тысячу раз носил Гамлета на спине». Нетрудно вычислить, что если Йорик умер 23 года назад, а Гамлету 30 лет, то принцу было *7 лет*, когда умер Йорик. Завуалированное указание на *семилетний* возраст Гамлета перекликается с *семью монологами* Гамлета. В Первом кварто могильщик говорит, что череп Йорика пролежал в земле «*дюжину лет*». Слово «дюжина», то есть числительное «двенадцать», настойчиво употреляется в тексте как в связи с мотивом «смерти», так и с мотивом «монолога», дописанного Гамлетом. Этот монолог оказывается скрытым предвестием смерти Клавдия.

Куплеты могильщика

Рассказ Призрака Гамлету начинается со слов: «Я дух, я твой отец» (I, 5). Призрак произносит неполные 16 строк:

Ghost. I am thy father's spirit; (1)
Doom'd for a certain term to walk the night, (2)
And for the day confin'd to fast in fires, (3)
Till the foul crimes done in my days of nature (4)
Are burnt and purg'd away. But that I am forbid (5)
To tell the secrets of my prison-house, (6)
I could a tale unfold whose lightest word (7)
Would harrow up thy soul, freeze thy young blood, (8)

Make thy two eyes, like stars, start from their spheres, (9)
Thy knotted and combined locks to part, (10)
And each particular hair to stand an end, (11)
Like quills upon the fretful porpentine: (12)
But this eternal blazon must not be (13)
To ears of flesh and blood. List, list, O list! (14)
If thou didst ever thy dear father love— (15)
Ham. O God!
Ghost. Revenge his foul and most unnatural murder (16)
(I.5.15—31).

Призрак. Я дух, я твой отец.

Приговоренный по ночам скитаться,

А днем томиться посреди огня,

Пока грехи моей земной природы

Не выжгутся дотла. Когда б не тайна

Моей темницы, я бы мог поведать

Такую повесть, что малейший звук

Тебе бы душу взрыл, кровь обдал стужей,

Глаза, как звезды, вырвал из орбит,

Разъял твои заплетшиеся кудри

И каждый волос водрузил стоймя,

Как иглы на взъяренном дикобразе;

Но вечное должно быть недоступно

Плотским ушам. О, слушай, слушай, слушай!

Коль ты отца когда-нибудь любил...
Гамлет. О боже!
Призрак. Отомсти за гнусное его убийство.

На пятнадцатой строке — перед *шестнадцатой* «If thou didst ever thy dear father love» (Коль ты отца когда-нибудь любил) его прерывает Гамлет: «O God!» (О Боже!), после чего Призрак «договаривает» прерванный текст: «Revenge his foul and most unnatural murder» (Отомсти за гнусное его убийство.) Всего в первом сегменте текста Призрака 16 строк.

Песня, которую поет *могильщик* (театральный *дублер шута*) от строк «In youth, when I did love, did love» (В дни молодой любви, любви. V.1.61) до строк «For such a guest is meet» (Чтоб гостю был ночлег. V.1.95), состоит из трех четверостиший, то есть из 12 строк, а также еще одного двустишия (две последние строки 3-го куплета повторяются (V.1.118—119)). В общей сложности получается 14 строк. Перед нами не что иное, как шутовская пародия на форму сонета. В конце сцены с могильщиками Гамлет произносит рифмованное четверостишие:

Ham. Imperious Cæsar, dead and turn'd to clay,
Might stop a hole to keep the wind away:
O! that that earth, which kept the world in awe,
Should patch a wall to expel the winter's flaw (V.1.89—92).

Гамлет. Державный Цезарь, обращенный в тлен,
Пошел, быть может, на обмазку стен,
Персть, целый мир страшившая вокруг,
Платает щели против зимних вьюг.

Три куплета могильщика и финальное четверостишие Гамлета в сумме составляют 16 строк. Мотив игры с числительными *двенадцать* и *шестнадцать,* которые, образно говоря, окольцовывают важнейшие сцены в трагедии, можно представить в виде схемы:

Призрак (I.1)
Первое появление: 12 строк.
Второе появление: 16 строк.

Призрак (I.5)

1-й монолог: 12 строк.

2-й монолог: 16 строк.

Монолог Энея (II.2)

В исполнении Гамлета: 12 строк (прерывается на 13-й строке).

В исполнении актера: 16 строк (прерывается перед 16-й строкой).

Сцена в комнате королевы (III.4)

1-й монолог Гамлета: 12 строк.

2-й монолог Гамлета: 16 строк.

Песни Офелии (IV.5)

1-я песня: 12 строк.

2-я песня: 16 строк.

Песни могильщика (V.1)

Песня в 12 строк.

Потом повтор 2-х строк рефрена: всего 14 строк.

Гамлет дочитывает еще 4 рифмованные строки.

Всего (не считая рефрена): 16 строк[142].

Движение времени

Шекспир внимательно относился к внутренней хронологии, к движению времени в своих пьесах. Он точно рассчитывал длительность событий как в «драматическом», так и в «календарном» времени. Использование в пьесах многочислен-

---

[142] Пимонов В., Славутин Е. Загадка Гамлета. — М., 2001. — С. 128—132.

ных указаний на время, в которое происходят события, таких как дни недели, время суток, количество дней, месяцев, лет или указаний на дни и периоды религиозных праздников, позволяет говорить о важнейшей роли мотива времени в пьесах Шекспира. Вот что по этому поводу пишет А.А. Аникст: «Есть у Шекспира произведения, в которых события происходят на протяжении суток, — «Сон в летнюю ночь» и «Буря». Но, как правило, действие длится дольше. В некоторых пьесах оно занимает год, в других — несколько лет. События первой части «Генриха IV» приходятся на время с июня 1402-го по июнь 1403 года. Во второй части они длятся десять лет — с 1403-го по 1413 год <...>. В трагедии «Ромео и Джульетта» ведется точный отсчет времени. Точкой отсчета является четвертая сцена третьего акта. Капулетти размышляет, на какой день назначить венчание Париса и Джульетты:

Капулетти. Какой сегодня день?
Парис. Синьор,
Сегодня понедельник.
Капулетти. Понедельник?
Вот как! Нет, в среду будет слишком рано.
В четверг! Скажи ей, что в четверг
Мы с благородным графом обвенчаем (III.4) (пер. Б. Пастернака).

События первого акта — драма приверженцев враждующих домов, бал у Капулетти, встреча юных героев — происходят в воскресенье. В понедельник утром они тайно венчаются, днем происходит убийство Меркуцио и Тибальда, вечером Капулетти решает сыграть свадьбу в четверг. В понедельник же Ромео и Джульетта проводят первую и единственную брачную ночь. Во вторник утром Ромео бежит в Мантую, а Джульетта узнает, что родители отдают ее за Париса. Она получает снотворный напиток от Лоренцо. Во вторник вечером Капулетти передумал — назначает свадьбу вместо четверга на среду: «Завтра же вам в церковь (IV.2). Узнав об этом, в ту же ночь Джульетта принимает напиток и надолго засыпает. В среду утром ее находят "мертвой", относят в склеп, А Лоренцо посылает нарочного в Мантую. Летаргия Джульетты должна длиться "ровно сорок два часа" (IV.1), немного меньше двух суток. Значит, она просыпается в четверг утром или ночью, когда и умирают оба — она и Ромео. Зачем была нужна Шекспиру такая точность? Для того чтобы мы почувствовали *стремительность событий*: трагедия разыгралась на протяжении всего пяти суток»[143]. Ни одно упоминание о времени действия у Шекспира не является случайным, а выступает как прием для создания *драматической хронологии событий*.

Сколько времени длится действие трагедии «Гамлет»? По мнению Л.С. Выготского «все события трагедии измерены и соотнесены друг с другом во времени условном, сценическом»[144]. К примерно такому же выводу приходит английский шекспировед: «В реальности Шекспира интересует *темп*, а не время. Он использует время как вспомогательное средство и обращается с ним и с календарем свободно, создавая впечатление убедительности»[145]. Советский исследователь М.М. Морозов пытался подойти в проблеме времени в «Гамлете» несколько иначе: «Сколько же времени длится трагедия? С точки зрения "астрономического" времени — два месяца. Но с точки зрения "драматического" времени, которое одно только и имело значение для Шекспира, прошло много лет тяжелых переживаний

---

[143] Аникст А. Шекспир. Ремесло драматурга. — М., 1974. — С. 97—99.

[144] Выготский Л.С. Анализ эстетической реакции. Трагедия о «Гамлете», принце Датском // Выготский Л.С. Психология искусства. — М., 1986. — С. 226.

[145] Granville Barker H. Prefaces to Shakespeare. Hamlet. — London, 1963. — P. 50.

и размышлений. Шекспир жертвовал "астрономическим" временем, не считался с ним. Все дело в том, что он "оком души" увидел Гамлета на кладбище уже совсем не таким молодым, как в начале трагедии. Точно так же в финале, в сцене поединка, он увидел Гамлета, любовь которого (всего два месяца назад по "астрономическому" исчислению!) Лаэрт сравнивал с весенней фиалкой и которого Офелия назвала "розой прекрасного государства", толстым, обрюзгшим, страдающим одышкой человеком. "Он толст и одышлив", — говорит о нем королева» (V.2.300)[146].

Действие в пьесах Шекспира разворачивается в «двойном времени» — реальном и сценическом[147]. К этому нужно еще добавить «психологическое» время, поскольку персонажи пьес живут и в своем индивидуальном, «психологическом» времени, что создает театральный эффект разновременности одних и тех же событий. Одни и те же события оказываются увиденными в трех разных временных плоскостях: реальном (календарном), сценическом (театральном) и психологическом (индивидуальном времени персонажа).

В своем знаменитом предисловии к «Гамлету» Х. Гренвилл-Баркер разделяет действие пьесы на условные «три движения» (three movements)[148]. «Первое движение» происходит в течение двух дней: начинается с первой сцены и заканчивается встречей Гамлета с Призраком, после которой принц собирается надеть на себя маску безумия: «*Ham.* <...> hereafter shall I think meet / To put an antic disposition on (I.5)». — (Что я сочту, быть может, нужным / В причуды облекаться иногда.) «Второе движение» начинается со сцены разговора Полония с Рейнальдо (II.1), продолжается в сцене приезда актеров в Эльсинор, куль-

---

[146] Морозов М.М. О динамике созданных Шекспиром образов // Морозов М.М. Избранные статьи и переводы. — М., 1954. — С. 177.

[147] Аникст А. Шекспир. Ремесло драматурга. — М., 1974. — С. 99.

[148] Granville-Barker H. Op. cit. — P. 52—188.

минирует в «Мышеловке» и заканчивается встречей Гамлета с Капитаном из войска Фортинбраса (IV.4). «Второе движение» также длится в течение двух дней, если исходить из «сценической» хронологии. Наконец, «третье движение», начинающееся с разговора Гертруды и Офелии (IV.5), заканчивается на следующий день сценой финального поединка, гибелью Гамлета и приходом Фортинбраса. «Третье движение» опять-таки длится два дня. В сценическом времени действие пьесы длится шесть дней.

Как тогда понимать слова Гамлета о времени, прошедшем со времени смерти его отца, обращенные к Офелии перед представлением «Мышеловки»: «<...> my father died within's two hours» (III.2.125) (нет и двух часов как умер мой отец). Офелия отвечает: «Nay, 'tis twice two months, my lord» (Нет, тому уже два месяца, мой принц.) Время одного и того же события воспринимается двумя персонажами по-разному. С точки зрения как реального, так и драматического времени с момента смерти отца Гамлета до представления «Мышеловки», конечно же, прошло больше времени, чем «два часа». Слова Гамлета можно было бы объяснить его «сумасшествием», но его упоминание о «двух часах» указывает на реальное время. Гамлет говорит об этом в середине пьесы, примерно на 2000-й строке, а это значит, что для зрителей в театре, то есть в реальном астрономическом времени, пьеса началась около двух часов назад[149]. Общая продолжительность пьесы (примерно 3900 строк) длится на сцене около четырех часов. Нарочитое использование Шекспиром разных временных (и числовых) измерений приводит к взаимодействию внутри пьесы нескольких художественных реальностей.

Игра Шекспира со временем, числами календаря и датами может быть выражена формулой: «А» выступает перед «В» в

---

[149] Sohmer S. Certain Speculations on Hamlet, the Calender and Martin Luther // Early Modern Literary Studies. — 1996. — Vol. 2.1.

роли «С». Здесь «А» — это событие, представленное перед зрителем «В» как событие не в том времени, в которое оно произошло в реальности «С». Само Время становится символическим персонажем, выступающим в разных обличьях.

Двенадцатая ночь

Несмотря на ряд противоречий, например, при указании возраста Гамлета, пьеса содержит точные индикаторы времени, которые позволяют построить внутреннюю хронологию событий. Вспомним песню Офелии после гибели ее отца Полония:

Oph. 'Tomorrow is Saint Valentine day,
All in the morning betime,
And I a maid at your window,
To be your Valentine' (IV.5).

Офелия. «Заутра Валентинов день,
И с утренним лучом
Я Валентиною твоей
Жду под твоим окном».

«Валентинов день» — это 14 февраля или день влюбленных, когда юноши и девушки гадают или бросают жребий, выбирая себе «Валентина» или «Валентину». Получается, что Офелия поет свою песню 13 февраля. В тот же день она погибает. Хоронят ее (сцена с могильщиками) в Валентинов день, в который происходит поединок между Гамлетом и Лаэртом. Согласно условному календарному времени трагедия заканчивается 14 февраля, в Валентинов день.

Если на время окончания действия указывает упоминание даты в песне Офелии, то время начала действия определить сложнее. Какое событие считать началом трагедии? Убийство старого Гамлета (о котором мы узнаем из рассказа Призрака, так как само убийство не показано) или первое появление Призрака в самой пьесе? А ведь первому появлению Призрака *на сцене* предшествует *два других его появления*, о которых мы узнаем из рассказа Марцелла Горацио:

Mar. Horatio says 'tis but our fantasy,
And will not let belief take hold of him
Touching this dreaded sight, **twice** seen of us (I.1).

Марцелл. Горацио считает это нашей
Фантазией, и в жуткое виденье,
Представшее нам **дважды**, он не верит.

Призрак впервые появляется *наяву* перед часовыми в присутствии Горацио. На его призыв: «By heaven, I charge thee, speak!» (Заклинаю, молви!) Призрак «шагает прочь». Затем он возвращается и вновь уходит, так и не проронив ни слова. Бернардо заключает: «Он бы ответил, да запел петух». Марцелл дает тому объяснение:

Marcellus. It faded on the crowing of the cock.
Some say that ever 'gainst that **season comes**
Wherein our Saviour's birth is celebrated,
The bird of dawning singeth all night long;
And then, they say, no spirit dare stir abroad (I.1).

Марцелл. Он стал незрим при петушином крике,
Есть слух такой, что каждый год **близ той поры,**
Когда родился на земле Спаситель,
Певец зари не молкнет до утра:
Тогда не смеют шелохнуться духи.

В словах Марцелла содержится указание на время появления Призрака — *до* «той поры, / Когда родился на земле Спаситель», то есть *до Рождества*. Речь идет о периоде Адвента, который начинается в четвертое воскресенье перед Рождеством (в конце ноября) и заканчивается в ночь перед Рождеством — 24 декабря. Рождественский период (Двенадцать дней Рождества) длится с 25 декабря до 5 января. День 5 января считается Одиннадцатым днем Рождества, в то время как вечер того же дня считается началом Двенадцатого дня Рождества. В западной традиции Двенадцатый день Рождества приходится на 6 января, день Богоявления[150], а вечер перед Двенадцатым днем Рождества называют Двенадцатой ночью[151].

Если верить слуху, на который ссылается Марцелл, то в период между Адвентом (конец ноября) и днем Богоявления (6 января) Призраки не появлялись. Хотя ни один церковный канон не подтверждает этого слуха, для нас важно не «календарное», а «драматическое» время. Не только Марцелл, но и Горацио верит в то, что в этот период не «смеют шелохнуться духи»: «*Hor.* So have I heard, and do in part believe it (I.1))» (Я это слышал и отчасти верю). Как бы ни обстояло дело в церковной традиции, в театральной реальности Призрак не должен появляться «близ той поры, когда родился на земле Спаситель». Так и происходит в пьесе: после явления стражникам (I.1) и Гамлету (I.4, I.5) в следующий раз Призрак появляется в пьесе только *после* сцены «Мышеловки» в комнате Гертруды, с которой беседует Гамлет. Как мы увидим далее, сцена разговора Гамлета с Гертрудой, скорее всего, происходила после Рождества, когда духи снова могли появляться. День Адвента приходится на четвертое воскресенье перед Рождеством (конец ноября), однако в реальной церковной практике Адвент может длиться от трех дней до

---

[150] Bratcher D. The Season of Epyphany. — London, 2006.

[151] Bratcher D. The Twelve Days of Christmas. — London, 2006.

восьми недель[152]. Подготовка к периоду Адвента в «драматическом» времени пьесы может приходиться не на конец, а на начало ноября.

Еще *до* появления Призрака на сцене в начале ноября мы узнаем от часовых о его приходе «дважды» в две предыдущие ночи — *Бернардо:* «Минувшей ночью» (I.1). Примечательно, что о первом появлении Призрака мы узнаем из слов Марцелла, чье имя для зрителей шекспировской эпохи ассоциировалось со святым Марцеллом центурионом. (Римский центурион Марцелл был казнен в 298 году от Р.Х. за отказ поклоняться языческим богам Империи. В день рождения императора он отказался от принесения жертв богам и бросил свое оружие перед Легионом со словами: «Я служу Иисусу Христу».) Высказывалось предположение, что Призрак впервые появляется 30 октября, то есть в день праздника святого Марцелла центуриона[153]. Тогда следующее появление Призрака приходится на ночь 31 октября (праздник Хеллоуин, когда принято наряжаться в костюмы вампиров, ведьм, скелетов и призраков), а перед Марцеллом, Бернардо и Горацио он появляется 1 ноября, в день Всех Святых. Следуя этой хронологии, Призрак явился перед Гамлетом 2 ноября — в День Всех Душ (All Souls' Day), когда поминают всех христиан, попавших в Чистилище, поскольку они умерли без причастия. Критики заметили, что в словах Призрака «содержится скрытая аллюзия на Чистилище (purgatory): «Till the foul crimes done in my days of nature / Are burnt and purg'd away (I.5.9—13)» (Пока грехи моей земной природы / Не выжгутся дотла.) Призрак объясняет: «Cut off even in the blossoms of my sin / Unhousel'd, disappointed, unaneled» (Я скошен был в цвету моих грехов, / Врасплох, не причащен и не помазан.) «Черные одежды» (inky cloak (I.2.77))

---

[152] Collins K. The Season of Advent. (www.kencollins.com)
[153] Sohmer S. Op. cit.

Гамлета вполне соответствуют тому одеянию, которое в День Всех Душ должен был носить сын в честь траура по своему отцу, умершему непричащенным»[154].

Из слов Марцелла можно заключить, что Призрак появляется перед Адвентом, а затем только после «Мышеловки». *День недели*, в который дается представление «Мышеловки», упомянуто самим Гамлетом при появлении Полония, пришедшего сообщить о приезде актеров: «Принц, актеры приехали сюда» (II.2). Гамлет передразнивает его перед Розенкранцем и Гильденстерном: «I will prophesy he comes to tell me of the players; mark it. — You say right, sir; o'*Monday morning*; 'twas so indeed» (Я вам пророчу, что он явился сообщить мне об актерах; вот увидите. — Вы правы, сударь; *в понедельник утром*: так это и было, совершенно верно.) Из слов Гамлета следует, что актеры приезжают в Эльсинор *в понедельник утром*. После встречи с актерами Гамлет предлагает им сыграть «Убийство Гонзаго»:

Ham. We'll ha't **tomorow night.**

Гамлет. Мы это представим **завтра вечером** (II.2).

Актеры, прибывшие в Эльсинор в понедельник утром, дают спектакль «Мышеловка» во вторник вечером. Единственный понедельник Рождественского периода (до Богоявления) в период представлений «Гамлета» в Лондоне при жизни Шекспира приходится на январь 1602 года. Согласно Юлианскому календарю, которым пользовались в то время в Англии и Дании, актеры приезжают в Эльсинор *в понедельник 4 января*. Среда 6 января 1602 года приходилась на праздник Богоявления, то есть на Двенадцатый день. Тогда вечер вторника перед Богоявлением 5 января, когда шло представление «Мышеловки», был Двенадца-

---

[154] Sohmer S. Op. cit.

той ночью[155]. Греческий термин для Богоявления — «эпифания» означает «показывать», «дать знать», «раскрыть»[156], что перекликается с замыслом «Мышеловки», раскрывающей Гамлету знание о тайном преступлении короля. День Эпифании (Богоявления) был также известен в Европе как «День трех королей», или «Праздник дураков». Во время представления «Мышеловки» на сцене присутствуют три короля: два сценических (в пантомиме и Актер-король) и один «реальный» — Клавдий, наблюдающий за зрелищем. Гонзаго, которого убивает *племянник короля* Луциан, по пьесе является не королем, а герцогом («имя герцога Гонзаго»). Историческая связь между Эпифанией (Богоявлением) и Праздником дураков восходит к Сатурналиям, во время которых участники и зрители выбирали шутовских короля и королеву. Шутовские, театральные Актер-король и Актер-королева присутствуют и в представлении «Мышеловки».

Внутренняя хронология пьесы не противоречит календарной: трагедия «Гамлет», в том конечном варианте, который известен нам сегодня, была впервые зарегистрирована в так называемом «Stationary Register» 26 июля 1602 года, хотя ранние редакции, по мнению ряда исследователей, относятся к 1600 и 1601 годам. Мотив Двенадцатой ночи в «Гамлете» перекликается с комедией Шекспира «Двенадцатая ночь», написанной между 1599-м и концом 1601 года[157].

Вернемся к вопросу о внутренней хронологии «Гамлета». Сколько времени проходит с момента убийства старого Гамлета и первым появлением Гамлета в пьесе после приезда из Виттенберга в Эльсинор? На этот вопрос отвечает сам Гамлет: «Ham. But **two months** dead! Nay, not so much, not two! I.2» (**Два месяца** как умер! Меньше даже.) Вспомним, что Призрак говорит

---

[155] Roth S. Hamlet as the Christmas Prince // EMLS. — January 2002. — Vol. 7.3.

[156] Bratcher D. The Season of Epyphany. — London, 2006.

[157] Boyce Ch. Dictionary of Shakespeare. Wordsworth Editions. — London, 1996. — P. 670.

Гамлету: «Sleeping in orchard, / My custom always in the afternoon, / Upon my secure hour thy uncle stole, / With juice of cursed hebenon in a vial, / And in the porches of my ears did pour. I.5» (Когда я спал в саду, / Как то обычно делал пополудни, / Мой мирный час твой дядя подстерег / С проклятым соком белены в сосудце / И тихо мне в преддверия ушей / Влил.)

Полуденный сон во фруктовом саду на открытом воздухе и в Англии, и в Дании мог иметь место примерно в первую неделю сентября. После этого периода погода становилась слишком прохладной для сна на открытом воздухе[158].

Вернемся в королевский дворец, где в Двенадцатую ночь (вечер 5-го января накануне Эпифании) идет представление «Мышеловки», и еще раз прислушаемся к разговору Гамлета с Офелией.

Ham. For, look you, how cheerfully my mother looks, and my father died **within's two hours.**
Oph. Nay, 'tis **twice two months**, my lord.

Гамлет. Вот посмотрите, как радостно смотрит моя мать, а **нет и двух часов**, как умер мой отец.
Офелия. Нет, тому уже **дважды два месяца**, мой принц.

Из слов Офелии следует, что старый Гамлет был убит четыре месяца назад, то есть, если отсчитать четыре месяца назад от 5 января 1602 года, то смерть старого Гамлета приходится на начало сентября — в реальной хронологии это 6 или 7 сентября 1601 года по Юлианскому календарю. Считается, что 7 сентября того же года умер Джон Шекспир, отец автора «Гамлета». По легенде Шекспир играл в своем «Гамлете» роль Призрака, то есть своего собственного отца.

Можно предположить, что по внутренней хронологии действие «Гамлета» начинается 7 сентября (день смерти старого

---

[158] Roth S. Op. cit.

Гамлета) и заканчивается в день Святого Валентина 14 февраля (день похорон Офелии, гибели Гамлета и восшествия на датский престол нового короля — молодого Фортинбраса). А в гипотетическом «календарном» времени пьеса длится с понедельника 7 сентября 1601 года до воскресенья 14 февраля 1602 года, то есть пять месяцев и 7 дней. Шекспир словно хочет нас уверить, что в его пьесе «время расчислено по календарю».

Гамлетовский сонет

Использование Шекспиром числовой символики в сонетах не обойдено исследовательским вниманием[159], которое часто сосредоточено на нумерологическом анализе слов или выявлении мистической связи между порядковым номером сонета и его содержанием. Также делается упор на образах и мотивах сонетов, которые находят выражение в драматических произведениях Шекспира[160]. В свете поэтики театральности представляет интерес перекличка приемов числовой игры, которые используются в сонетах и пьесах.

Хрестоматийным стало сравнение сонета 66 с монологом Гамлета «Быть или не быть». Охваченный меланхолией лирический герой сонета, уставший от торжествующего в мире зла и лицемерия, начинает призывать смерть: «Tir'd with all these, for restful death I cry» («Устал я жить и умереть хочу...»

---

[159] Fowler A. Triumphal Forms. Structural Patterns in Elizabetan Poetry. Cambridge University Press 1970. — P. 183; Blick F. Shakespeare's Musical Sonnets. The Upstart Crow // A Shakespeare Journal. — 1999. — Vol. XIX. — P. 152—167; Blick F. Number symbolism in Shakespeare's Sonnets 8 and 128. Pythagoras, Perfect Numbers, Triangular numbers and Musical Harmony (сетевой ресурс).

[160] Schalkwyk D. Speech and Performance in Shakespeare's Sonnets and Plays. — Cambridge University Press, 2002. — 274 p.

(пер. А. Финкеля) или «Зову я смерть...» (пер. С. Маршака))[161]. Мотив смерти (To die, to sleep. — Умереть. Забыться), точнее самоубийства (When he himself might his quietus make / With a bare bodkin. — Когда б он сам мог дать себе расчет / Простым кинжалом) на фоне «whips and scorns of time» (глумления века) звучит и в монологе Гамлета. Сонет 66 часто называют «гамлетовским». Нумерологическое суммирование так называемых «дьявольских шестерок» (6 + 6) дает в результате число 12, совпадающее с числом строк монолога, который собирался написать Гамлет.

Между тем по своей глубинной мотивной структуре Гамлету близок и сонет 126 (O thou, my lovely boy. — О, милый мальчик (пер. А. Финкеля))[162]. Сонеты состоят из четырнадцати строк: трех четверостиший (двенадцать строк) с перекрестной рифмой (abab/cdcd/efef) и зарифмованного двустишия с парной рифмой: gg. Тем самым ритм сонета меняется на *двенадцатой* строке. Гамлет говорит о намерении сочинить монолог в каких-нибудь *двенадцать* строк. Шекспир сочиняет только один сонет, в котором *двенадцать* строк, — 126-й. В издании Кварто 1609 года на месте, где должны быть 13-я и 14-я строки, — две пустые строки, взятые в скобки:

> O thou, my lovely boy, who in thy pow'r
> Dost hold time's fickle glass his sickle hour,
> Who hast by waning grown, and therein show'st
> Thy lovers withering, as thy sweet self grow'st —
> In nature, sovereign mistress over wrack,
> As thou goest onwards still will pluck thee back,
> She keeps thee to this purpose, that her skill
> May time disgrace, and wretched minute kill.

---

[161] Финкель А. Сонеты Шекспира. Сонет 66 // Шекспировский сборник-1976. — М., 1977. — С. 247.

[162] Там же. — С. 272.

Yet fear her, O thou minion of her pleasure;
She may detain but not still keep her treasure.
Her audit, though delayed, answered must be,
And her **quietus** is to render thee.
( )
( )

Высказывалось предположение, что издатель сонетов Томас Торп решил исключить последние строки, поскольку в них якобы содержалось указание на адресата, позволявшее раскрыть личность «юного друга» Шекспира. По другой версии пустые строки, заключенные в скобки, графически напоминают форму песочных часов — символ скоротечности юности. А может быть, пустота между скобками выражает мотив зияющей могилы и перекликается с последними словами Гамлета «Дальше — тишина»?

Как бы то ни было, в 126-м сонете нарушена традиционная сонетная форма, его укороченность оставляет ощущение незаконченности, незавершенности. В образном смысле сонет недописан, прерван, что перекликается с прерванным монологом в *двенадцать строк* в «Гамлете».

Во всем творчестве Шекспира слово «**quietus**» употреблено в двойном значении — как «расчет, расплата, расписка в уплате долга» и как «смерть» — лишь дважды: в 126-м сонете и в монологе Гамлета «To be, or not to be» (III.1.56—89): «When he himself might his **quietus** make / With bare bodkin?» (Когда б он сам мог дать себе расчет / Простым кинжалом?). Сонет 126 заканчивается словами: «Her audit (though delayed), answered must be, / And her **quietus** is to render thee» (Как ни тяни, за все расплата ждет / То, что цветет, со временем умрет (пер. В. Розова). Дословно речь идет о «счете» (audit), по которому, хоть и с отсрочкой (though delayed), придется платить (ответить — must be answered) смертью — «quietus». Глубинный мотив «отсрочки и неотвратимости расплаты смертью» сближает этот сонет с Гамлетом.

На сонете 126 «хромает» вся композиция из 154-х сонетов. Его называют «переломным», так как им заканчивается цикл сонетов, которые обращены к молодому человеку, «юному другу» поэта. Последующий цикл, начиная с 127-го сонета, посвящен женщине, Смуглой Леди[163]. Монолог Луциана прерывается, «ломается» на том месте, где речь должна пойти о женщине, «Гонзаговой жене». Слышится перекличка мотивов и приемов в сонетах и «Гамлете». Схема обобщенного сюжета сонетов строится на ролевых отношениях между четырьмя персонажами: Автором, Поэтом-Соперником, Юным Другом и Смуглой Леди. Когда Юный Друг влюбляется в Смуглую Леди, между ним и автором происходит разрыв. В отличие от Оскара Уайльда, усмотревшего в сонетах, обращенных к «юному другу», гомосексуализм Шекспира, некоторые исследователи полагают, что прообразом «юного друга» был сын драматурга — Гамнет Шекспир (Hamnet Shakespeare), умерший в отрочестве на *двенадцатом* году жизни[164]. Гамлет и Гамнет — варианты одного и того же имени. Мы не знаем, был ли Гамлет театральной «реинкарнацией» Гамнета, но если поверить, что Шекспир играл в своей пьесе роль Призрака, то невольно возникает мысль о перекличке между личной трагедией Шекспира и трагедией Гамлета.

---

[163] Booth S. Shakespeare's Sonnets. — Yale Univ. Press, 2001. — P. 430.

[164] Брандес Г. Шекспир. — М., 1997. — С. 156.

Глава V

Драматическая метафора

В теоретической поэтике метафору определяют как «фигуру речи, где слово или выражение применяется к человеку, идее или предмету, к которым они не могут быть применены в своем буквальном смысле. Метафора — это скрытая аналогия, которая образно идентифицирует две вещи»[165]. «Метафора — это подмена одного предмета другим, или приравнивание двух вещей, относящихся к разным мыслительным рядам»[166]. Близкое определение дает М. Петровский: «Метафора — это вид тропа, в основе которого лежит ассоциация по сходству или по аналогии. Так, "старость" можно назвать "вечером" или «осенью жизни», так как все эти три понятия ассоциируются по общему их признаку приближения к концу: жизни, суток, года»[167].

Все эти определения метафоры опираются на понятия аналогии, сходства, ассоциации по общему признаку, то есть на перенесение свойств одного предмета на другой или употребление слова не в его прямом, а переносном значении, что предполагает скрытое, имплицитное сравнение двух предметов или реалий, то есть «А как В», где слово «как» лишь подразумевается. Такая фигура речи остается метафорой вне зависимости от контекста.

---

[165] Dictionary of Literary Terms / By H. Shaw. — New York, 1972. — P. 235.

[166] Shipley J. Dictionary of World Literary Terms / By J. Shipley. — London, 1970. — P. 197.

[167] Петровский М. Метафора // Словарь литературных терминов: в 2 т. — М.; Л., 1925. — Т. 1. — Стлб. 434—437.

Фундаментальный труд о метафоре в творчестве Шекспира принадлежит Кэролайн Сперджен[168], которая на основе анализа *доминантных образов и основных мотивов* (dominating images and leading motives) предложила принципиально новый подход к метафоре, позволяющий описать как внутренний мир персонажей, так и художественный мир самого автора. В своем исследовании автор вводит термин *image* «как единственное доступное слово для обозначения любой формы сравнения, а также любой формы скрытого сравнения, то есть метафоры»[169]. Эти идеи получили развитие в работах Л.Е. Пинского, предложившего концепцию «магистрального» сюжета[170], и М.М. Морозова, видевшего в метафорах Шекспира способ выражения характеров действующих лиц[171]. Подход к шекспировской метафоре как поэтическому приему построения образа персонажа нашел отражение в работах А.Л. Гречаного[172] и С.М. Мезенина[173]. Концепция Сперджен о сюжетной взаимосвязи словесного образа и драматического действия была развита в более поздней работе: «Создавая пьесу, драматург соединяет поэтические и драматургические приемы. При этом особая роль отводится метафоре, поскольку она является связующим звеном между словесно-образным строем и драматическим жанром»[174]. Автор опреде-

---

[168] Spurgeon C. Shakepeare's Imagery and What it Tells Us. — Cambridge, 1968.

[169] Ibid. — P. 5.

[170] Пинский Л.Е. Шекспир. Основные начала драматургии. — М., 1971.

[171] Морозов М.М. Избранные статьи и переводы. — М., 1954. — С. 179—222.

[172] Гречаный А.Л. Метафоризация как определитель индивидуального стиля Шекспира: автореф. дис. ... канд. филол. наук. — М., 1962.

[173] Мезенин С.М. Метафоризация, деметафоризация и реметафоризация в драматических произведениях Шекспира // Проблемы языкознания и теория английского языка: сб. науч. тр. МГПИ. — М., 1976. — Вып. 2.

[174] Харитонова Е.В. Драматическая функция метафоры в пьесах Шекспира. Трагедия «Гамлет», комедия «Сон в летнюю ночь»: дис. ... канд. филол. наук. — М., 1995.

ляет метафору как «функцию в драматическом пространстве сюжета: метафора вначале моделирует свою микросистему и на каком-то этапе действия становится микроэлементом драматургического действия <...>, метафора работает как драматургический прием», в частности, на примере «взаимодействия локальной метафоры яда «quicksilver» и магистральной метафоры «мир — театр».

В настоящей работе метафора у Шекспира рассматривается не как риторическая фигура, слово или выражение, употребленные в переносном значении для усиления образности или художественной выразительности (скрытое сравнение, аналогия), а как особый *прием построения художественного произведения*, при помощи которого автор осуществляет *переворот смыслов*: от прямого смысла к переносному, затем от переносного к прямому и, наконец, снова от прямого смысла к переносному. Речь идет о своего рода драматической метафоре[175], когда предмет и метафора меняются местами: предмет становится метафорой, а метафора — предметом.

Такая метафора представляет собой *свернутый сюжет в форме скрытого предвестия*. Рассказ Призрака о *настоящем яде*, который Клавдий вливает в ухо спящего короля, оборачивается предвестием *символического словесного яда, который* заключен в монологе Луциана, *написанном* Гамлетом для ушей Клавдия. По ходу действия происходит переворот смыслов: яд в переносном, символическом смысле, то есть монолог Луциана, превращается в яд в прямом, буквальном смысле, когда Гамлет закалывает Клавдия отравленной ядом рапирой.

---

[175] Pimonov V. Shakespeare's "Hamlet". A Structural and Semantic Analysis. Moscow State Institute of Foreign Languages. — M., 1978; Pimonov V. Shakespeare's Theatricality. — Corseg, Copenhagen, 2004; Пимонов В. Поэтика театральности в драматургии Шекспира (на примере трагедии «Гамлет»): автореф. дис. ... канд. филол. наук. — М., 2004; Пимонов В., Славутин Е. Загадка Гамлета. — М., 2001.

Недочитанный Гамлетом монолог (рассказ Энея Дидоне), который Гамлет просит дочитать Первого актера, оказывается скрытым предвестием недочитанного до конца монолога Луциана (написанного самим Гамлетом), а недочитанный монолог Луциана, в свою очередь, трансформируется в финале пьесы в незаконченный рассказ Гамлета, который должен *досказать* Горацио.

Драматическая метафора находит выражение как в речевой, так и невербальной форме: жестовой, мимической. Первое появление Призрака в роли *глухонемого* (бессловесное действие) предвещает появление Гамлета в роли *глухонемого* перед Офелией. Мотив символической немоты Гамлета в дальнейшем преобразуется в его немоту в прямом смысле: «остальное — молчание» (the rest is silence).

Примером метафоры, выступающей в роли скрытого предвестия будущих событий, служит сцена разговора Гамлета с Гильденстерном после представления «Мышеловки». Гамлет спрашивает Гильденстерна о короле:

Ham. Ay, sir, what of him?
Guil. Is in his retirement marvellous distempered.
Ham. With **drink**, sir?
Guil. No, my lord, rather with choler.
Ham. Your wisdom should show itself more richer to signify this to his doctor; for, for me to put him to his purgation would perhaps plunge him into far more choler (III.2.230—235).

Гамлет. Да, сударь мой, что с ним?
Гильденстерн. Удалился, и ему очень не по себе.
Гамлет. От вина, сударь мой?
Гильденстерн. Нет, мой принц, скорее от желчи.
Гамлет. Ваша мудрость выказала бы себя более богатой, если бы вы сообщили об этом его врачу; потому что если за его

очищение возьмусь я, то, пожалуй, погружу его в еще пущую желчь.

Гамлет интересуется у Гильденстерна, «не от питья ли?» королю стало не по себе (with drink, sir?). Слово «питье» (drink) употреблено в буквальном, прямом значении. Завуалированный метафорический заряд выстреливает лишь в финале пьесы, когда от отравленного «питья» умирает сначала Гертруда: «...питье, питье... Я отравилась» (the drink, the drink. I am poison'd), а потом и Клавдий, которого Гамлет заставляет допить отравленное вино из кубка: «Пей свой напиток!» (Drink off this potion!) Слово «potion» имеет двойное значение: лекарство и зелье, то есть яд. Гамлет иронически советовал Гильденстерну сообщить о недомогании Клавдия врачу, «потому что если за его очищение возьмусь я, то, пожалуй, погружу его в еще пущую желчь». Эти слова оказались скрытым пророчеством: за «лечение» (в ироническом смысле) короля «зельем», действительно, взялся сам Гамлет.

Актуализация драматической метафоры, то есть раскрытие заключенного в ней скрытого предвестия будущих событий, происходит в результате мысленного соединения достаточно удаленных друг от друга сегментов текста, при возвращении к ранее прочитанному, образно говоря, при обратном чтении от конца к началу, справа — налево.

Гамлет спрашивает Горацио: «Но что у вас за дело в Эльсиноре? / Пока вы здесь, мы вас **научим пить**» (*Ham*. But what is your affair in Elsinore? / We'll **teach you to drink** deep ere you depart (I.2.174—175)).

Читатель понимает, что эта реплика Гамлета была *скрытым предвестием* лишь в финале пьесы, когда Горацио намерен совершить самоубийство, собираясь допить оставшееся на дне кубка отравленное вино: «Я римлянин, но датчанин душою; / Есть влага в кубке» (I am more an antique Roman than a Dane: /

Here's yet some liquor left (V.2.348—349)). Отбирая у Горацио кубок, Гамлет в буквальном смысле **учит его пить**: «Дай кубок мне; оставь; дай, я хочу» (Give me the cup. I'll ha't (V.2.351)). Актуализация драматической метафоры происходит в тот момент, когда слово или высказывание, употребленное в прямом значении, неожиданно обретает переносный смысл и, наоборот, когда слово или выражение, употребленное в переносном значении, неожиданно приобретает буквальный смысл, находя выражение в реальных действиях персонажей.

Шекспир незаметно закладывает метафорический заряд в первой же реплике пьесы: «Кто здесь?» (Who's there? (I.1.1)). В ближнем контексте слова Бернардо употреблены в прямом значении: кто идет — враг или друг державы? В контексте же всей трагедии обнаруживается символический смысл этого вопроса, который связан с важнейшим мотивом видимости и реальности, того, что кажется, и того, что есть на самом деле. Кто здесь? Дух отца или дьявол? А кто здесь на троне? Благородный король или злодей? Кто здесь? Кто скрывается за портьерой? Король или жалкий шут? Поиск Гамлетом ответов на эти вопросы служит основной пружиной развития действия.

Магистральный мотив «мышеловки» в неявной форме выражен в самом начале пьесы репликой Франсиско: «Мышь не шевельнулась» (Not a mouse stirring (I.1.11)). В ближнем контексте это речевое клише несет в себе бытовое сообщение: «Все тихо, все спокойно». Позже обнаруживается, что в реплике Франсиско заключено скрытое предвестие убийства Полония в комнате королевы (III.4). Полоний прячется за портьерой, подслушивая разговор Гамлета с матерью. Услышав призыв королевы о помощи: «Меня убить ты хочешь? О, помогите!», он выдает себя возгласом: «Помогите, помогите!». Образно говоря, Полоний «шевелится», на что Гамлет со словами: «Что, крыса? Ставлю золотой, — мертва!», пронзает его рапирой. Полоний оказывается «крысой» (rat), попавшей в собственную мышеловку, поставленную для Гамлета. Неожиданно возникает семантический каламбур, построенный на сходстве (принадлежность к грызунам) разных видов: «мышь не шевельнулась», а «крыса шевельнулась». Реплика Франсиско «мышь не шевельнулась» оборачивается скрытым предвестием, которое актуализируется в гибели Полония.

Убив Полония, Гамлет обращается к Гертруде: «Пусть вас король к себе в постель заманит; щипнет за щечку, мышкой назовет» (Let the bloat King tempt you again to bed, / Pinch wanton on your cheek, call you his mouse (III.4.184—185)). Слово «мышка» (mouse) представляет собой *скрытое предвестие*: Гертруда действительно становится «мышкой», попавшей в «мышеловку», поставленную Клавдием для Гамлета, когда выпивает отравленное вино, предназначенное для ее сына.

«Мышеловка» изображает убийство, которое совершает «некий Луциан, племянник короля». Сценическое убийство представляет собой драматическую метафору, которая находит воплощение в основном действии пьесы, когда племянник короля Гамлет убивает фальшивого короля Полония. В том же смысле поединок между Гамлетом с Лаэртом, задуманный королем с целью убийства Гамлета под видом мести сына за отца (месть Лаэрта за убийство Полония), оказывается скрытым предвестием параллельной мести, когда Гамлет убивает Клавдия, мстя ему за злодейское убийство своего отца.

Вопрос короля, обращенный к Гамлету: «Ты все еще окутан прежней тучей?» — дословно — «облаками» (How is it that the **clouds** still hang on you? (I.2)), в ближнем контексте означает: «Ты все еще в трауре?». Как выясняется позже, вопрос короля заключает в себе скрытое предвестие сцены разговора Гамлета с Полонием об облаке.

Ham. Do you see yonder **cloud** that's almost in shape of a camel? (III.2.268)

Гамлет. Вы видите вон то облако, почти что вроде верблюда?

Облако в пьесе выступает в роли метафоры изменчивости, неоднозначности, загадочности. Становится понятным, почему Гамлет, появляющийся в «черном» (nighted colour), то есть в траурном одеянии, по словам короля, «окутан тучей» (**clouds still hang on him**). Гамлет сам — как облако, загадка для окружающих. Слова Клавдия «Большая **пушка грянет в облака**» (But the great **cannon to the clouds** shall tell (I.2.126)) приобретают пророческий смысл, оказываясь скрытым предвестием убийства Гамлета под звуки палящих в небо пушек во время поединка с Лаэртом.

Драматическая метафора заключена в словах Горацио, который предостерегает Гамлета от встречи с Призраком:

Hor. What if it tempt you toward the flood, my lord,
And draw you into **madness**? (I.4.78, 83)

Горацио. Что если вас он завлечет к волне...
И ввергнет вас в **безумие**?

В ближнем контексте речь идет о предостережении об опасности, ожидающей Гамлета. Скрытое предвестие, заключенное в словах Горацио, сбывается позже, когда после разговора с Призраком Гамлет действительно принимает облик сумасшедшего.

Вот что говорит Гамлет Горацио перед началом «Мышеловки»:

Ham. ...and bless'd are those
Whose blood and judgment are so well commeddled

That they are not a **pipe** for Fortune's finger
To sound what stop she please (III.2.32—35).

Гамлет. И с равной благодарностью приемлет

Гнев и дары судьбы: благословен,

Чьи кровь и разум так отрадно слиты,

Что он не **дудка** в пальцах у Фортуны,

На нем играющей...

Разговор о человеке, не желающем быть дудкой **(pipe)** «в пальцах у Фортуны, на нем играющей», оказывается завуалированным предвестием сцены с флейтой, которую Гамлет разыгрывает с Розенкранцем и Гильденстерном после «Мышеловки». В английском тексте *флейта* названа словом *pipe*, то есть речь идет о той же самой *дудке*, что и в разговоре с Горацио, а не о разных инструментах. В беседе Гамлета с Розенкранцем и Гильденстерном *флейта (pipe)* сначала появляется как реквизит сцены, осязаемый предмет — музыкальный инструмент, но по ходу действия превращается в метафору.

Ham. Will you play upon this **pipe**?
Guil. My lord, I cannot.
Ham. I pray you.
Guil. Believe me, I cannot.
Ham. I do beseech you.
Guil. I know no touch of it, my lord (III.2.256—261).

Гамлет. Не сыграете ли вы на этой **дудке**?
Гильденстерн. Мой принц, я не умею.
Гамлет. Я вас прошу.
Гильденстерн. Поверьте мне, я не умею.
Гамлет. Я вас умоляю.
Гильденстерн. Я и держать ее не умею, мой принц.

Неспособность сыграть на музыкальном инструменте контрастирует с тщетной попыткой сыграть на струнах человеческой души.

Ham. 'Sblood, do you think I am easier to be played on than a **pipe**? Call me what instrument you will, though you can fret me, you cannot play upon me (III.2.264).

Гамлет. Черт возьми, или, по-вашему, на мне легче играть, чем на **дудке**? Назовите меня каким угодно инструментом, — вы хоть и можете меня терзать, но играть на мне не можете.

Лады флейты в символическом смысле превращаются в струны души Гамлета. Флейта (pipe) на наших глазах становится метафорой человека. Преобразование предмета, сценического реквизита — книги, а в более широком смысле — печатного текста в метафору происходит в сцене разговора Гамлета с Полонием:

Pol. ...What do you read, my lord?
Ham. Words, words, words.
Pol. What is the matter, my lord?
Ham. Between who?
Pol. I mean the matter that you read, my lord.
Ham. Slanders, sir: for the satirical rogue says here that old men have grey beards, that their faces are wrinkled, their eyes purging thick amber and plum-tree gum, and that they have a plentiful lack of wit, together with most weak hams... (II.2.199—204).

Полоний. Что вы читаете, принц?
Гамлет. Слова, слова, слова.
Полоний. И что говорится, принц?
Гамлет. Про кого?

Полоний. Я хочу сказать: что говорится в том, что вы читаете?

Гамлет. Клевета, сударь мой; потому что этот сатирический плут говорит здесь, что у старых людей седые бороды, что лица их сморщены, глаза источают густую камедь и сливовую смолу и что у них полнейшее отсутствие ума и крайне слабые поджилки; всему этому, сударь мой, я хоть и верю весьма могуче и властно, однако же считаю непристойностью взять это и написать; потому что и сами вы, сударь мой, были бы так же стары, как я, если бы могли, подобно раку, идти задом наперед.

Буквальные ответы Гамлета на вопросы Полония неожиданно обретают образный смысл. Из предмета, реквизита сцены книга превращается в метафору человека. В сценах с *дудкой* и *книгой* Шекспир использует прием одушевления неодушевленного и обратный прием овеществления живого. Вещи выступают в роли живых существ, а живые существа — в роли вещей. Драматическая метафора заключена в сцене разговора Гамлета с Озриком перед поединком с Лаэртом.

Ham. What's his weapon?
Osr. Rapier and dagger.
Ham. That's two of his weapons; but, well (V.2.117—119).

Гамлет. Его оружие какое?
Озрик. Рапира и кинжал.
Гамлет. Это его оружие. Ну и что?

Гамлет отвечает: «Это два его оружия» (That's two of his weapons), что содержит намек на *двойное оружие* Лаэрта как в прямом, так и в переносном смысле: смазанная ядом рапира символизирует предательство. Слова Озрика о *рапире* и *кинжа-*

ле, имеющие прямое значение в ближнем контексте сцены, оборачиваются скрытым предвестием гибели Гамлета в результате предательства Лаэрта, который использовал двойное, то есть тайное оружие — отравленную рапиру. В символическом смысле Гамлет тоже действует *двойным оружием*: словом и ядом. Он, как и Клавдий, *вливает яд в ухо королю*, но только это не настоящий яд, каким Клавдий отравляет старого Гамлета, а яд монолога. Монолог Луциана в «Мышеловке» выступает в роли *символического яда для ушей* Клавдия, от которого тому становится «очень не по себе» (marvellous distempered).

Двойное оружие Гамлета предназначено и для *ушей* королевы, которая восклицает: «Ты уши мне кинжалами пронзаешь» (These words like daggers enter into my ears (III.4.95)). *Слова-кинжалы* и *монолог-яд* оказываются символами двойного оружия, которым Гамлет в финале убивает Клавдия: сначала поражает его рапирой, а затем заставляет допить отравленное ядом вино.

Полоний, Польша и поляки

Имена действующих лиц в пьесах Шекспира часто выступают в роли закамуфлированного предвестия сюжетного события. Показательна в этом смысле перекличка между именем *Полоний* и событиями, связанными в пьесе с *Польшей и поляками*. На вопрос Марцелла, похож ли являвшийся Призрак на короля, Горацио отвечает:

Hor. As thou art to thyself:
Such was the very armour he had on
When he the ambitious Norway combated;
So frown'd he once, when, in an angry parle,
He smote the sledded **Polacks** on the ice (I.1.73—79).

Горацио. Как ты сам на себя.

Такой же самый был на нем доспех,

Когда с кичливым бился он Норвежцем;

Вот так он хмурился, когда на льду

В свирепой схватке разгромил **поляков**.

Норвежцем Горацио называет старого Фортинбраса, которого старый Гамлет убил во время поединка. Из рассказа Горацио явствует, что, перед тем как убить Фортинбраса, Гамлет-отец разгромил поляков. Гамлет, увидев солдат, спрашивает у капитана:

Ham. Good sir, whose powers are these?

Cap. They are of Norway, sir.

Ham. How purpos'd, sir, I pray you?

Cap. Against some part of **Poland.**

Ham. Who commands them, sir?

Cap. The nephew to old Norway, Fortinbras.

Ham. Goes it against the main of **Poland,** sir,

Or for some frontier?

Cap. Truely to speak, and with no addition,

We go to gain a littile patch of ground

That hath in it no profit, but name.

To pay five ducats, five, I would not farm it;

Nor will it yield to Norway or the **Pole.**

A ranker rate, should it be sold in fee.

Ham. Why, the the **Polack** never will defend it (IV.4.13—27).

Гамлет. Скажите, сударь мой, чье это войско?

Капитан. Норвежца, сударь.

Гамлет. Куда оно идет, спросить дозвольте?

Капитан. Оно идет на **Польшу.**

Гамлет. А кто их предводитель?

Капитан. Фортинбрас,

Племянник старого Норвежца.

Гамлет. На всю ли **Польшу** вы идете, сударь,

Иль на какую-либо из окраин?

Капитан. Сказать по правде и без добавлений,

Нам хочется забрать клочок земли,

Который только и богат названьем.

За пять дукатов я его не взял бы

В аренду. И **Поляк** или Норвежец

На нем навряд ли больше наживут.

Гамлет. Так за него Поляк не станет драться.

В финале пьесы молодой Фортинбрас, который должен взойти на датский престол, приходит в Данию *после победного похода на Польшу.* Старый Гамлет, прежде чем победить своего главного соперника, старого Фортинбраса, тоже сначала одерживает верх над поляками: «в свирепой схватке **разгромил поляков**» (*Hor.* He smote the **sledded Polacks** on the ice (I.1)). Внешняя событийная канва трагедии, связанная с убийством старого Фортинбраса и символическим отмщением за это убийство его сыном, *удваивается отступлением* от основной сюжетной линии *победой над поляками.* Перед тем как убить Клавдия, Гамлет тоже делает своеобразное *отступление,* убивая Полония.

Имя *Полоний (Polonius)* означает «поляк». В символическом смысле Гамлет повторяет путь как своего отца, так и путь молодого Фортинбраса. Прежде чем одержать победу над главным соперником, Гамлет, так же как и его отец и молодой Фортинбрас, сначала *проходит через Польшу,* но в переносном смысле, «переступая» в буквальном смысле через Полония (поляка). Имя Полония в символическом смысле заключает в себе предвестие его гибели. Можно предположить, что мы имеем дело с сознательным приемом, построенным на обыгрывании значения имени Полоний. В раннем варианте текста «Гамлета» в Первом кварто персонаж, играющий роль отца Лаэрта, носил имя Корамбис (Corambis).

Другой пример завуалированной переклички между именем героя и его судьбой мы находим в линии Лаэрта. Лаэрт возвращается из Эльсинора в Париж (Paris). Неожиданно возникает символическая параллель между названием города, мифологическим Парисом (Paris), сраженным отравленной стрелой, и Лаэртом, гибнущим от удара отравленной рапиры. Образы шекспировского Лаэрта и древнегреческого Париса объединяет мотив *облака*. Лаэрт, по словам Клавдия, «кутается в *тучи*» (Keeps himself in *clouds*. IV.5.58). Гомеровский Лаэрт тоже «окутан тучей» — «Черная *туча* печали покрыла Лаэрта» (Гомер, Одиссея, песня 24-я, перевод Вересаева). Призыв к избранию Лаэрта королем сопровождается упоминанием *облаков*: «Уста и шапки / До **облаков** возносят дикий вопль: «Лаэрт, будь королем!» (пер. А. Кронберга) — (Caps, hands and tounges, applaud it to the **clouds**: «Laertes shall be king, Laertes king!» (IV.5.108—109)). Судьба Париса тоже связана с мотивом облака. Во время сражения под стенами Трои он был бы убит, если бы его покровительница Афродита не окутала его *облаком* и не вывела из боя невредимым.

После того как Клавдий прерывает представление «Мышеловки», Гамлет восклицает: *Ham.* What, frighted with false fire? (III.2). Дословно: «Что, испугался *фальшивого огня?*». Вопрос Гамлета приобретает метафорическое звучание в связи со значением имени убийцы — Луциана (Licianus). Луциан этимологически восходит к латинскому *lux*, что значит *свет*, и перекликается с мотивом *огня*. Клавдий испугался фальшивого убийцы, то есть актера, исполнявшего роль Луциана, на что и намекает Гамлет. Имена обоих сценических убийц во вставных сценах пьесы — Луциана и Пирра *(pyr — огонь)* — связаны с мотивом *огня* и *света*.

День смерти Дездемоны

Ключ к пониманию глубинной функции личных имен в пьесах Шекспира иногда спрятан в фонетическом каламбуре. В «Отелло» Дездемона спрашивает Отелло, когда тот вернет на службу Кассио:

Des. Shall't be to-night at supper?
Oth. No, not to-night.
Des. To-morrow dinner then?
Oth. I shall not dine at home;..
Des. Why, then, to-morrow night, or Tuesday morn;
On Tuesday noon, or night; on **Wednesday morn**:
I prethee, name the time, but let it not exceed three days
(III.3.64—74).

Дездемона. За ужином сегодня?
Отелло. Нет еще.
Дездемона. Так завтра утром или за обедом?
Отелло. Я завтра ухожу...
Дездемона. Так завтра вечером? Во вторник днем?
Ну, вечером во вторник? **В среду утром**?
Ты только назови точнее день
И чтобы срок не превышал трех суток (пер. Б. Пастернака).

Дездемона просит Отелло вернуть Кассио на службу не позже «среды утром» — *Wednesday morn,* ставя условие, что срок не должен превышать *трех дней.* Словарь Джоунза[176] дает вариант произношения слова Wednesday /'we-dnzdi/, что в сочетании с /mo:n/ произносится как /we-dnzdimo:n/ и созвучно с /'dez-də-'mō-nə/, то есть с именем *Дездемона.* Разговор Отелло

---

[176] Jones D. Everyman's English Pronouncing Dictionary. — London, 1972. — P. 525.

с Дездемоной происходит в воскресенье, что следует из перечисления Дездемоной дней недели: завтра (то есть в понедельник), во вторник и в среду (последний срок, не превышающий трех дней). В художественном мире Шекспира действие развивается одновременно в разных временных измерениях, не совпадающих с естественным течением времени, что делает затруднительным выстраивание внутренней хронологии, то есть продолжительности действия пьесы. Сколько времени длится действие в «Отелло»? В третьем акте Бьянка упрекает Кассио: «Но слыханное ль дело? Исчезнуть на семь дней и семь ночей» (пер. Б. Пастернака). В английском тексте эти слова звучат так: «What, keep a week away» (III.4.168). Между тем к моменту разговора Бьянки с Кассио действие длилось всего три дня: первый день — в Венеции, еще один день — на Кипре и, наконец, третий день, начинающийся в третьем акте и продолжающийся до конца пьесы. Ночью того же дня, то есть на третьи сутки с начала действия пьесы, гибнет Дездемона. Поставленное ею условие о сроке возвращения Кассио на службу, не превышающем трех дней (истекающих в среду), оказывается закамуфлированным предвестием ее собственной смерти. Слова Дездемоны «name the time» можно прочитать двояко — как «назови время» и как «имя есть время». В фонетическом каламбуре, основанном на сходстве произношения имени Дездемоны и времени дня (/'dez-də-'mō-nə/ и (/we-dnzdimo:n/ — «утро среды»), зашифрован день ее смерти.

Отравленное ухо

Настоящий яд, который Клавдий вливает в ухо спящему королю, неожиданно оказывается драматической метафорой, которая актуализируется в тот момент, когда Гамлет — в символическом смысле — *отравляет ухо Клавдия своим монологом.*

Мотив *уха, отравленного монологом*, возникает в первых словах Призрака при его встрече с Гамлетом:

Ghost. 'Tis given out that, sleeping in mine orchard,
A serpent stung me; so the whole **ear** of Denmark
Is by a forged process of my death
Rankly abus'd (I.5.42—45).

Призрак. Слушай, Гамлет;
Идет молва, что я, уснув в саду,
Ужален был змеей; так **ухо** Дании
Поддельной басней о моей кончине
Обмануто.

«Ухо Дании» (The whole ear of Denmark) было «отравлено» (abus'd) ложью (forged process). Тот же *мотив уха, отравленного молвой* (монологом — speech), возникает и в словах Клавдия о Лаэрте:

Claud. Feeds on his wonder, keeps himself in clouds,
And wants not buzzers to **infect his ear**
With pestilent speeches of his father's death (IV.5.58—60).

Король. Живет сомненьем, кутается в тучи,
А шептуны ему смущают **слух**
Тлетворною молвой про смерть отца.

«Infect his ear with pestilent speeches», то есть «отравляют его ухо ядовитыми речами» (монологами). В символическом смысле Полоний становится *ухом* Клавдия, когда он прячется за портьерой, дабы подслушать разговор Гамлета с матерью. «Дозвольте мне **прислушаться**», — говорит Полоний Клавдию (III, 1). В оксфордском и арденском текстах: «And I'll be placed, so please you, in the **ear** of all their conference», то есть буквально: «Я расположусь <...> *в ухе* всего их разговора». В этом контексте Гамлет, убивая Полония, символически *прокалывает ухо* Клавдия, а своим «монологом» (speech) он также *пронзает уши* Гертруды: «These words like daggers enter in my **ears**» (III.4.95) (Ты **уши** мне кинжалами пронзаешь.)

О подслушивающем «ухе» Розенкранца и Гильденстерна говорит Гамлет: «<...> каждому **уху** по слушателю» (*Ham.* <...> to each **ear** a hearer <...> (II.2.383)). А вот слова Гамлета о способности монолога «рассечь уши», произнесенные им во время репетиции с актером: «<...> и **раздирает уши** партеру <...>» (в английском: «<...> split the **ears**», то есть *рассекает уши*). Слова из монолога Энея «Takes prisoner Pyrrhus' **ear**» (II.2.473) (Пленяет Пирров **слух**) дословно означают «Берет в плен **ухо** Пирра». Символическая пара «ухо — монолог» (ear-speech) встречается и в словах Гамлета: «<...> хитрая **речь** спит в глупом **ухе**» — (<...> a knavish **speech** sleeps in a foolish **ear** (IV.2.22)).

Сказанное на ухо слово может заставить *онеметь*, то есть, образно говоря, «убить», ведь мертвый — это немой. Гамлет написал в письме Горацио: «I have words to speak in thine **ear** will make thee **dumb**» (IV.6.12) — «Мне надо сказать тебе на **ухо** слова, от которых ты **онемеешь**». Прислушаемся, как Клавдий убеждает Лаэрта в своей непричастности к убийству Полония:

King. Now must your conscience my acquittance seal,
And you must put me in your heart for friend, *4*
Sith you have heard, and with a knowing **ear,**
That he which hath your noble father slain
Pursu'd my life (IV.7.3—6).

Король. Теперь, мое скрепляя оправданье,
Ты должен в сердце взять меня как друга,

Затем что сам разумным **ухом** слышал,
Как тот, кем умерщвлен был твой отец,
Грозил и мне.

Клавдий мог услышать своим «разумным **ухом**» (a knowing **ear**) угрозу племянника только во время представления «Мышеловки». Король сам подтверждает, что он был напуган не театральным изображением своего преступления, а угрозой мести со стороны Гамлета. В финале трагедии английский посол, не знающий, что Гамлет *переписал* приказ Клавдия, прибывает в Данию, дабы сообщить королю о казни Розенкранца и Гильденстерна:

First Amb. And our affairs from England come too late:
The **ears** are senseless that should give us hearing,
To tell him his commandment is fulfill'd (V.2.316—318).

Первый посол. И английские вести опоздали;
Бесчувствен **слух** того, кто должен был
Услышать, что приказ его исполнен.

Фраза «The **ears** are senseless» буквально означает «**уши** бесчувственны». Сообщение о смерти заколотого рапирой Клавдия передано метафорой «бесчувственного уха».

Мотив *яда, влитого в ухо*, пронизывает все действие пьесы. Впервые он появляется в сцене, в которой Призрак рассказывает Гамлету историю убийства короля путем отравления через *ухо* (I.5). Рассказ предназначен для *ушей* Гамлета. В словах Призрака несколько раз повторяется призыв к Гамлету *слушать*: «lend thy serious hear**ing**», «thou shalt **hear**», «list, list, o, list», «now Hamlet, **hear**». Рассказ об отравлении, *влитый в уши* Гамлета, в символическом смысле убивает его: потрясенный *услышанным*, он призывает свое «сердце остановиться» (hold, hold my heart).

Гамлет надевает маску безумия, что в символическом смысле равнозначно смерти.

По ходу пьесы главный мотив рассказа (story) Призрака — мотив *убийства* — воплощается в различных формах. Сначала Гамлет, выступая в роли *автора, записывает* в свои «таблички» слова о «подлеце», то есть об убийце Клавдии. Потом мотив убийства находит выражение в *дописанном* Гамлетом-*драматургом* монологе к «Убийству Гонзаго», предназначенном для *ушей* Клавдия. Далее убийство происходит наяву, когда гибнет Полоний — в образном смысле *ухо* Клавдия. Наконец, в финале мотив убийства находит отражение в монологе Горацио, который призывает зрителей *услышать* (so shall you **hear** how these things came about) — «как все произошло».

Мотив *уха, отравленного песнями*, возникает в словах Лаэрта, который предупреждает Офелию: *Laer.* Then weigh what loss your honour may sustain/If with too credent **ear** you list his **songs** (I.3.29—30) — «И взвесь, как умалится честь твоя / Коль ты поверишь **песням** обольщенья».

В сцене поединка между Гамлетом и Лаэртом гибнут все главные персонажи пьесы, а все убийства связаны с мотивом удвоения. Гамлет убит *двойным оружием* (two of his weapons) — рапирой и ядом. Уже как бы *мертвый* Гамлет, у которого «нет и получаса жизни» — «In thee there is not half an hour life» (V.2.254), успевает-таки отомстить Клавдию, и тоже *двойным оружием*: сначала поражает его ядовитой рапирой: «<...> ступай, отравленная сталь, по назначенью <...>» — «The point envenom'd too! Then, venom, to thy work» (V.2.327—328), а потом заставляет его допить отравленное им же самим вино: «Пей свой напиток!» (Drink off this potion (V.2.331)).

Две ошибки Гамлета — ошибочное убийство Полония (чужого отца) и ошибочное убийство Лаэрта (его сына) делают принца *двойным двойником* Клавдия — убийцы Гамлета-отца и убийцы Гамлета-сына. Двойная вина Гамлета, то есть убийство им и чужого отца, и сына, влечет за собой и двойное наказание. Умирающий Гамлет просит Горацио:

Ham. Horatio, I am dead;
Thou liv'st; report me and my cause aright *280*
To the unsatisfied.
Hor. Never believe it;
I am more an antique Roman than a Dane:
Here's yet some liquor left (V.2.279—284).

Гамлет. Горацио, я гибну;
Ты жив; поведай правду обо мне
Неутоленным.
Горацио. Этому не быть;
Я римлянин, но датчанин душою;
Есть влага в кубке.

Рыцарские представления о чести наводят Горацио на мысль о самоубийстве. Он хочет выпить яд:

Ham. As thou'rt a man,
Give me the cup: let go; by heaven, I'll have 't (V.2.285—286).

Гамлет. Если ты мужчина,
Дай кубок мне; оставь; дай, я хочу.

Гамлет говорит: «I'll have't» (в переводе М. Лозинского — «Я хочу»). Эти слова можно прочитать как «Я буду это», то есть «Я это выпью». Гамлет не дает Горацио умереть, и, по сценической логике, сам допивает оставшееся в кубке отравленное вино. Смерть Гамлета можно трактовать двояко: и как убийство его Лаэртом, и как самоубийство. Мотив самоубийства задан в пьесе уже в первом монологе Гамлета:

Ham. Or that the Everlasting had not fix'd
His canon 'gainst **self-slaughter** (I.2.131—132).

Гамлет. Иль если бы предвечный не уставил
Запрет **самоубийству**!

Мотив самоубийства находит выражение в монологе «Быть или не быть»:

Ham. When **he himself might his quietus make**
With a mere bodkin? (III.1.75—76).

Гамлет. Когда б он **сам мог дать себе расчет**
Простым кинжалом?

В комментарии Чемберса[177] слова Гамлета «to take arms against the sea of troubles, and by opposing, end them» — «Иль, ополчась на море смут, сразить их / Противоборством?) толкуются как намек на самоубийство. В пьесе три самоубийцы: Гамлет, Офелия, Гертруда. Гертруда совершает непреднамеренное, но формально все же самоубийство, выпивая яд после того как Гамлет пронзил ее уши кинжалами-словами (Ты уши мне кинжалами пронзаешь.) Гамлет совершает самоубийство (допивает ядовитое вино) уже после того как он был смертельно ранен отравленной рапирой. Офелия кончает жизнь самоубийством после того как она была отравлена «ядом скорби» после смерти отца. Клавдий говорит о сумасшествии Офелии:

King. O! this is the **poison of deep grief**; it springs... (IV.5.45)
Король. О, это **яд глубокой скорби**...

---

177 Chambers Ed. The Warwick Shakespeare. Hamlet. — Blackie & Son, No date. — P. 183.

Мотив смерти Офелии выражен не только с помощью метафоры «яд скорби», но и на лексическом уровне с помощью слова «**drink**» (питье), которое в образной системе пьесы связано с мотивом смерти. Вот что рассказывает Гертруда о гибели Офелии:

Queen. Till that her garments, heavy with their **drink,**
Pull'd the poor wretch from her melodious lay
To muddy death (IV.7).

Королева. В рыдающий поток. Ее одежды,
Раскинувшись, несли ее, как нимфу...

Мотив самоубийства скрыто присутствует и в символической фигуре Гекубы, которая, как и Офелия, сходит с ума и кончает с собой, бросаясь в море[178]. Все главные персонажи пьесы гибнут от яда: старый Гамлет, Клавдий, Лаэрт, Офелия (от *яда скорби*), Гертруда и Гамлет. Троих из них ядом убивает Клавдий: старого Гамлета, принца и, непреднамеренно, Гертруду. Гамлет убивает трех персонажей символическим ядом: Клавдия — ядом монолога; Гертруду — ядом слов, пронзающих уши; Офелию — «ядом скорби» по отцу. Символические убийства ядом «монолога», «слов» и «скорби» дублируют убийства, которые совершает Гамлет с помощью настоящего холодного оружия. В разных текстовых версиях трагедии речь идет о нескольких видах оружия: о шпаге, рапире и клинке.

В тексте знаменитого «Нового вариорума» 1879 года (A New Variorum Edition) под редакцией Фернеса Гамлет пронзает Полония шпагой (сценическая ремарка *drawing,* внесенная Фер-

---

[178] Брокгауз и Ефрон. Энц. словарь. С.-Петербургъ, 1890—1907. Статья Гекуба: «По Еврипиду (трагедия "Гекуба") она бросилась в море, по Овидию, ее, после превращения в суку, забросали каменьями фрикийцы».

несом, означает «обнажает шпагу» — именно это слово употреблено в сцене убийства Полония). В арденском издании под редакцией Дженкинса (1982) в ремарке сказано о рапире (rapier). Из всех версий пьесы следует, что Гамлет смертельно ранит Лаэрта отравленной рапирой (в тексте рапира обозначена двумя словами — rapier и foil), принадлежащей самому Лаэрту, но случайно оказавшейся во время схватки в руках Гамлета в результате непреднамеренного обмена оружием. Не совсем ясно, каким «инструментом» (по словам Лаэрта — «instrument») Гамлет смертельно ранит Клавдия. В переводе М. Лозинского Гамлет говорит о клинке: «Клинок отравлен тоже! — / Ну, так за дело, яд!». Однако в английском тексте это место звучит иначе: «The point envenom'd too! — / Then, venom, to thy work!». Слово *the point* означает «острие, острый конец», а не клинок и не кинжал (dagger), который, по словам Озрика, входил наряду с рапирой (rapier) в арсенал Лаэрта. Смертельно раненный Лаэрт говорит Гамлету: «Предательский снаряд — в твоей руке, / Наточен и отравлен» — (The treacherous instrument is in thy hand, / Unbated and envenom'd. V.2). Слово «unbated» применительно к холодному оружию употреблялось в Елизаветинскую эпоху в значении «без наконечника», «с обнаженным острием» в отличие от «bated» — «ослабленного» холодного оружия, предназначенного для развлекательных поединков, а не настоящих дуэлей. Перед поединком Гамлет и Лаэрт получили от короля рапиры: «Подай рапиры, Озрик» — (*King.* Give them the foils, young Osric (V.2)). Никаких клинков или кинжалов Гамлет и Лаэрт перед началом поединка не получали. По всей видимости, Гамлет прокалывает Клавдия все той же отравленной рапирой Лаэрта, волею случая оказавшейся в его руках. Как бы то ни было, Гамлет, хоть и не по своей воле, пускает в ход *двойное оружие* — отравленную рапиру, приготовленную против него Клавдием и Лаэртом.

Загадка Гамлета

Тему *загадки Гамлета* в шекспироведении обычно связывают с его медлительностью в осуществлении мести за смерть отца и *странным* поведением, причину которого безуспешно пытаются объяснить как персонажи пьесы, так вслед за ними и зрители, читатели, критики и литературоведы. «Серию критиков Гамлета открыл Полоний. Он первый считал себя обладателем Гамлетовой тайны. Хотя Гамлет прокалывает его случайно, но зато Шекспир вполне сознательно сажает на булавку первого, кто в дерзости своей вообразил, что он языком рынка сумеет высказать элевсинскую тайну его близнеца. Как ни печальна судьба первого шекспиролога, но пророчество никого не испугало, и Шекспир благополучно будет дурачить нас даже сегодня», — писал русский поэт Иннокентий Анненский[179]. Однако неудачный опыт Полония не остановил других критиков. У. Ричардсон считал, что «Гамлет переживает тяжелое душевное состояние, мешающее ему мстить»[180], романтики А. Шлегель и С. Кольридж искали ключ к разгадке загадки Гамлета в его безволии, а психоаналитик Э.Джоунз усмотрел в нем жертву Эдипова комплекса. Бернард Шоу считал медлительность Гамлета следствием его бессознательного неприятия варварского закона родовой мести. Критики пытались изучать Гамлета как живого человека, почти как объект клинического исследования, забывая, что он прежде всего персонаж художественного произведения, чье поведение подчинено не логике обыденной жизни, а законам поэтики. С этой точки зрения на загадку Гамлета впервые посмотрел советский психолог Л.С. Выготский: «Критики пытаются разрешить загадку Гам-

---

[179] Анненский И. Вторая книга отражений. Проблема Гамлета // Анненский И. Избранное. — М., 1987. — С. 378.

[180] Смирнов А. Гамлет, принц датский // Шекспир У. Полн. собр. соч.: в 8 т. — М., 1958.

лета, привнося нечто со стороны, извне, какие-нибудь соображения и мысли, которые не даны в самой трагедии, и подходят к этой трагедии, как к казусному случаю жизни, который непременно должен быть растолкован в плане здравого смысла. По прекрасному выражению Берне, на картину наброшен флер, мы пытаемся поднять этот флер, чтобы разглядеть картину; оказывается, флер наброшен на самой картине. И это совершенно верно. Очень легко показать, что загадка нарисована в самой трагедии, что *трагедия умышленно построена как загадка* (курсив мой. — *В.П.*), что ее надо осмыслить и понять как загадку, неподдающуюся логическому растолкованию, и если критики хотят снять загадку с трагедии, то они лишают самую трагедию ее существенной части»[181]. Л.С. Выготский объясняет загадку структурой самой трагедии: «Задача сюжета заключается как бы в том, чтобы отклонить фабулу от прямого пути, заставить ее пойти кривыми путями, и, может быть, здесь, в самой этой кривизне развития действия, мы найдем те нужные для трагедии сцепления фактов, ради которых пьеса описывает свою кривую орбиту <...>. Структуру этой трагедии можно выразить при помощи одной чрезвычайно простой формулы. Формула фабулы: Гамлет убивает короля, чтобы отомстить за смерть отца. Формула сюжета: Гамлет не убивает короля. Если содержание трагедии, ее материал рассказывают о том, как Гамлет убивает короля, чтобы отомстить за смерть отца, то сюжет трагедии показывает нам, как он не убивает короля, а когда убивает, то это выходит вовсе не из мести. Таким образом, двойственность фабулы-сюжета — явное протекание действия в двух планах, все время твердое сознание пути и отклонения от него — внутреннее противоречие — заложены в самых основах этой пьесы»[182].

---

[181] Выготский Л.С. Анализ эстетической реакции. Трагедия о Гамлете, принце Датском // Психология искусства. — М., 1986. — С. 207.

[182] Там же. — С. 231, 235.

В художественном мире Шекспира вопрос о медлительности Гамлета лишен смысла, поскольку совершенно очевидно, что если бы Гамлет сразу отомстил за смерть отца, то есть реализовал бы фабульную схему, то не было бы никакой трагедии. Критики, настойчиво обсуждающие тему медлительности Гамлета, будто бы хотят поскорее разделаться с пьесой, превратив ее в мелодраму, в которой Гамлет ничтоже сумняшеся быстро разделывается с Клавдием, женится на Офелии и живет с ней счастливой семьей.

«Гамлета» Шекспира называют поэтической головоломкой, драматическим Сфинксом, литературной Моной Лизой и миром загадок, но отнюдь не по причине надуманной медлительности принца. Загадка мира Гамлета прежде всего заключена в метафорической загадочности его театральной роли. Мейнард Мэк пишет: «Мир Гамлета — это мир загадок. Сам язык героя часто загадочен <...>. Когда он играет словами, эта игра слов обладает все отдаляющейся от нас глубиной <...>. Даже сумасшествие само по себе загадочно: сколько в нем реальности? Сколько наигранного? Что значит это сумасшествие? В здравом уме или в безумии, ум Гамлета неустанно играет внутри его мира, нагромождая одну загадку на другую. Загадка характера <...>. Или загадка актерского искусства и того, как человек способен превратить себя в вымысел, в сон страсти и плакать по Гекубе <...>. Отсутствие в пьесе выраженной причинной логики представляется частью ее сущности»[183].

На протяжении всего действия Гамлет говорит загадками. Ощущение загадочности оставляют не только последние слова принца: «The rest is silence» — «Остальное — молчание» (пер. Б. Пастернака), но и первая его реплика в пьесе: «A little more than kin, and less than kind» (I.2.65) — «Племянник — пусть, но

---

[183] Mack M. The World of Hamlet // Tragic Themes in Western Literature. — Yale Univ. Press, 1977. — P. 33—34.

уж никак не милый» — в ответ на слова Клавдия: «But now, my cousin Hamlet, and my son» (I.2.64) — «А ты, мой Гамлет, мой племянник милый», представляет собой загадочную игру слов. Слово «kin» означает как «родня, родственник», так и «подобный, похожий», а слово «kind» означает как «род, семейство», так и «добрый, любезный», а также «сорт, разновидность». Каламбур Гамлета до сих пор ставит комментаторов в тупик. Какой смысл заключен в его словах? Что он «родственник, но никак не добрый», или что он «больше чем родственник, но менее похожий»? И то и другое толкование имеет право на существование. Слово «kin» можно толковать как в прямом значении «родственник», так и в значении «похожий». И в этом последнем значении оно становится скрытым предвестием, которое сбывается, когда Гамлет убивает Полония, что делает его «похожим» на Клавдия, то есть таким же убийцей чужого отца. Реплика Гамлета содержит двойной смысл и представляет собой не только каламбур, но и драматическую метафору в форме завуалированного предвестия будущих событий. В истории культуры эстетика *загадки тесно* связана с «косвенным обозначением», «двоящимся образом», «ино-сказанием», то есть с метафорой[184].

Загадки, которыми говорит Гамлет, можно описать формулой театральности: «А» выступает перед «В» в роли «С», где «А» — это смысл, представленный перед персонажем «В» в форме бессмыслицы «С». Театрализация роли Гамлета подчеркнута его отказом от привычных форм общения и переходом к говорению загадками, каламбурами, околичностями. Все происходящее в пьесе облечено в форму загадки: «слова, слова, слова». Смысл слов выражается в форме бессмыслицы. Загадка становится представлением вещи в иносказательной форме. Для того чтобы разгадать загадку, нужно отказаться от

---

[184] Аверинцев С.С. Мир как загадка и разгадка // Поэтика ранневизантийской литературы. — М., 1977. — С. 130—131, 148.

прочтения слов в их прямом значении, вскрывая их переносное значение. Например, загадка: «Утром — на четырех ногах, днем — на двух, а вечером — на трех. Кто это? Ответ: «человек». Утро — детство, день — зрелость, вечер — старость. Способ отгадывания этой загадки Сфинкса состоит в переходе от обычного смысла слов «утро», «день» и «вечер» к прочтению их как метафоры: «начало жизни», «середина жизни» и «конец жизни».

Так называемая загадка Гамлета — это не загадка в обычном смысле, которая требует разгадки в буквальном смысле, а художественный прием Шекспира, служащий для выражения темы загадочности главного героя. Древнейшая форма театра представляла собой состязание авторов, словесную дуэль, обмен загадками и разгадками. «Загадчик, загадка которого разгадана, погибает. Сфинкс может приносить смерть, от которой спасается разгадчик. В загадывании и разгадывании лежит момент борьбы, поединка: он может быть дан в словесной форме, но параллельно и в действенной»[185].

Действие пьесы разворачивается в форме обмена театральными загадками между главными персонажами-соперниками Гамлетом и Клавдием. Что такое поставленный Гамлетом спектакль «Мышеловка»? Это его театральная загадка для Клавдия, которую тот пытается разгадать. Что такое сцена «поединка» между Гамлетом и Лаэртом в финале трагедии? Это театральная загадка Клавдия для Гамлета.

Вещая душа

В роли главной загадки трагедии выступает сам Гамлет. Кто он на самом деле? Что им движет? Каковы мотивы его «стран-

---

[185] Фрейденберг О.М. Поэтика сюжета и жанра. — М., 1997. — С. 126.

ного» поведения? Можно ли «исторгнуть сердце его тайны», не пытаясь играть на нем, как на флейте, что пытались делать Гильденстерн и Розенкранц?

Гамлет, казалось бы, сам подсказывает нам разгадку своей загадки, отвечая на вопрос о своей *главной роли* в трагедии. После убийства Полония принц говорит:

Ham. I do repent; but **heaven** hath pleased it so,
To punish me with this, and this with me,
That **I must be their scourge and minister** (III.4.175—177).

Гамлет. То я скорблю; но **небеса велели,**
Им покарав меня, и мной его,
Чтобы я стал бичом их и слугою.

Мотив *небес,* переплетающийся с мотивом *облаков,* пронизывает всю пьесу:

Ham. Or all you host of **heaven**! (I.2.) — *Гамлет.* О рать **небес**!
Ham. Yes, by **heaven**! (I.2) — *Гамлет.* Да, клянуся **небом**!
Ham. **Angels** and ministers of grace defend us! / Be thou a spirit of health or goblin damned, / Bring with thee airs from **heaven** (I.4.39—41) — *Гамлет.* «Да охранят нас **ангелы** Господни! — / Блаженный ты или проклятый дух, / Овеян **небом**».

Упоминание *ангелов* представляют собой скрытое предвестие, которое актуализируется в финале трагедии, когда после слов умирающего Гамлета («Дальше — тишина») Горацио сообщает о пении ангелов: *Hor.* Good night, sweet prince, / And flights of angels sing thee to thy rest (V.2) — *Горацио*: «Спи, милый принц. / Спи, убаюкан пеньем херувимов!» (досл.: пеньем ангелов. — *В.П.*).

По словам Гамлета и *месть за смерть отца предначертана ему небом*:

Ham. That I, the son of a dear father murder'd, / Prompted to my revenge by **heaven** (II.2.583—584) — *Гамлет*: «Что я, сын умерщвленного отца, / Влекомый к мести **небом**».

Получается, что нет никакой загадки, связанной с медлительностью принца в осуществлении мести. Месть осуществляется ровно в тот момент, который предназначен для нее *небесным провидением*, чьим орудием выступает Гамлет, обладающий к тому же *вещей душой* (O my prophetic soul! — О, вещая моя душа! I.5). И речь идет не о каком-то *предчувствии* (presentiment, premonition), как объясняют эти слова Гамлета некоторые критики, а именно о пророческом знании, то есть о про-видении.

Загадка мира, в котором живет Гамлет, заключается в вопросе: что есть видимость, а что — реальность? Как отличить добродетель от злодейства? Убийцу от мстителя? Бога от дьявола? Ведь и порок, и преступление, и грех могут предстать в *небесном обличье*:

Ghost. But virtue, as it never will be moved, / Though lewdness court it in the **shape of heaven.** (I.5.53—54) — *Призрак:* «Но как вовек не дрогнет добродетель, / Хотя бы грех ей льстил в **обличьях рая**» (досл.: **в форме небес.** — *В.П.*).

Сам Гамлет, *окутанный облаками* (clouds still hang on you), уподобляется *облаку*, и подобно *облаку* он может принять любую форму и облик. Выступая в *роли актера, он меняет свои обличья и играет* одну за другой все роли в пьесе. Загадочность фигуры Гамлета связана не с его надуманной медлительностью, а с тем, что Шекспир «превращает его из загадки для других персонажей в загадку для нас и для самого себя»[186].

---

[186] Boyd B. Literature and Discovery // Philosophy and Literature. — 1999. — Vol. 23. No. 2. — P. 313—333.

Гамлет познает себя и мир с помощью театра. Его *загадочность* выражена театральной метафорой *облака* (cloud). Толкуя в разговоре с Полонием формы *облака,* которое своей изменчивостью схоже с *тенью,* Гамлет на самом деле размышляет о загадочности бытия.

Гамлет. Вы видите вон то облако, почти вроде верблюда?

Полоний. Ей-богу, оно действительно похоже на верблюда.

Гамлет. По-моему, оно похоже на ласочку.

Полоний. У него спина, как у ласочки.

Гамлет. Или как у кита?

Полоний. Совсем как у кита (III.2).

Разговор об облаке перекликается с разговором о Призраке, фигуру которого Гамлету тоже приходится толковать: тень ли это отца, или посланник ада? В символическом смысле *облако* и *Призрак* — это персонажи *театра теней,* для которых *автор-драматург Гамлет пишет разные роли:* верблюда, ласочки, кита, отца, дьявола, видения.

Автор-драматург

В очередной раз *дурача* критиков, Гамлет вдруг говорит, что «небеса велели» ему играть роль их «бича и слуги» (I must be their scourge and minister (III.4.175—177)). Приняв слова принца за чистую монету, а не за очередной театральный розыгрыш, один критик заключил, что Гамлет прежде всего — *орудие в руках Всевышнего*[187], то есть персонаж в пьесе другого — самого верховного, *небесного* автора-драматурга. Тогда все за-

---

[187] Первым на роль Гамлета как «бич и слугу небес» обратил внимание Fredson Bowers в работе «Hamlet as Minister and Scourge and Other Studies in Shakespeare and Milton». — Univ. of Virginia Press, 1990.

гадочные поступки Гамлета можно легко объяснить Божьей волей или волей *небес*: «There's divinity that shapes our ends. / Rough-hew them how we will» (V.2.10—11) — «Глубокий замысел; то божество / Намерения наши довершает, / Хотя бы ум наметил и не так».

Перед поединком с Лаэртом Гамлет говорит Горацио: «Нас не страшат предвестия, и в гибели **воробья** есть особый промысел» — «We defy augury; there's a special providence in the fall of a **sparrow**» (V.2.215).

Но откуда эти слова? Это же парафраз *текста другого автора: переписанные* и переработанные Гамлетом в его *собственной* версии *слова Иисуса, записанные и переданные неизвестным автором* Евангелия[188], авторство которого приписывают Матфею[189]: «Не две ли малые птицы (**два воробья**. — *В.П.*) продаются за ассарий? И ни одна из них не упадет на землю без *воли* Отца нашего» (Матф. 10.29) — «Are not **two sparrows** sold for a farthing. And one of them shall not fall on the ground without your Father» (Matthew 10.29). Эти слова толкуют, как указание на то, что жизнь и действия любого человека зависят от воли Божьей, а сам человек — лишь слуга и орудие в Его руках.

Но Гамлет не хочет быть марионеткой в чужой пьесе, играя роль «слуги небес» и подчиняясь *воле другого автора*. Он предпочитает жить и действовать в мире, где, выражаясь словами теоретика театра, «царствует не <...> произвол космических сил, а *его воля* <...>, *его творчество*», в котором только и «раскрывается истинное значение театра»[190].

Перед лицом самой смерти (ведь обладая *вещей* душой, он *знает*, что погибнет в поединке с Лаэртом) Гамлет вновь *импро-*

---

188 Davies W., Allison D. A Critical and Exegetical Commentary on the Gospel of Saint Matthew. Vol. 1. — Bloomsbury Academic, 1988. — 731 p.

189 Jenkins H. Hamlet. The Arden Shakespeare. — Methuen, 1982. — P. 407.

190 Евреинов Н.Н. Тайна статиста // Демон театральности. Летний сад. — М., 2002. — С. 70.

визирует, переделывая и *переписывая* на свой *авторский* лад текст из Священного Писания. Он до конца остается человеком театра, в котором роль **автора-драматурга** — *Homo scribens* — *Человека пишущего* — для него важнее и выше всех других ролей на свете. Его не устраивает роль *слуги небес* — орудия в руках Творца. Он сам творец. Творец театра.

БИБЛИОГРАФИЯ

Проблема поэтики театральности

1. Брук П. Пустое пространство. Секретов нет. — М., 2003.

2. Евреинов Н.Н. Демон театральности. — М.; СПб., 2003.

3. Мукаржовский Я. К современному состоянию теории театра // Исследования по эстетике и теории искусства. — М., 1994.

4. Пахсарьян Н.Т. Поэтика театральности в «Театре Клары Газуль» П. Мериме. — М., 2004.

5. Полякова Е.А. Поэтика драмы и эстетика театра в романе. — М., 2001.

6. Balme C. Theatricality, Perception and Performance / Institut für Theaterwissenschaft. — Universität Mainz, 2000.

7. Barish J. The Antitheatrical Prejudice. — Berkeley: Univ. of California Press, 1981.

8. Bartes R. Baudelaire's Theater // A Roland Barthes Reader / ed. with an intro by S. Sontag. — London: Vintage, 1982.

9. Burns E. Theatricality. — London: Longman, 1972.

10. Dening G. Mr Bligh's Bad Language: Passion, Power and Theatre on the Bounty. — Cambridge, 1992.

11. Fischer-Lichte E. Theatricality: A Key Concept in Theatre and Cultural Studies // Theatre Research International. — 1995. — Vol. 20:2. — P. 85—89.

12. Fried M. Absorption and Theatricality: Painting and the Beholder in the Age of Diderot. — Berkeley, 1980.

13. Meisel M. Realizations: Narrative, Pictorial, and Theatrical Arts // Nineteenth Century England. — Princeton, 1983.

14. Marshall D. The Figure of Theater: Shaftesbury, Defoe, Adam Smith, and George Eliot. — New York: Columbia University Press, 1986. — P. 116—128.

15. Murray T. (ed.) Mimesis, Masochism, and Mime: The Politics of Theatricality in Contemporary French Thought. — Ann Arbor: Univ. of Michigan Press, 1997. — P. 27—44.

Исследования по метатеатру

16. Abel L. Metatheatre: A New View of Dramatic Form. — New York: Hill and Wang, 1963.

17. Benjamin W. What is Epic Theater? (1939) // Benjamin, Illuminations. — New York: Schocken Books, 1969. — P. 147—154.

18. Boireau N. Drama on Drama: Dimensions of Theatricality on the Contemporary British Stage. — Basingstoke: Macmillan, 1997.

19. Brecht B. Brecht on Theatre / ed. and trans. J. Willett. — New York: Hill, 1964.

20. Calderwood J.L. Shakespeare's Metadrama. — Minneapolis: Univ. of Minnesota, 1971. — P., 1971.

21. Calderwood J.L. Metadrama in Shakespeare's Henriad: Richard II to Henry V. — London, 1979.

22. Calderwood J.L. Richard II: Metadrama and the Fall of Speech. From Metadrama in Shakespeare's Henriad. In Shakespeare's History Plays (Richard II to Henry V). (New Casebooks). — Houndmills: Macmillan, 1992. — P. 121—135.

23. Calderwood J.L. To Be and Not to Be: Negation and Metadrama in Hamlet. — New York: Columbia University Press, 1983.

24. Hubert J.D. Metatheater: The Example of Shakespeare. — Lincoln: Univ. of Nebraska Press, 1991.

25. Moore T.J. The Theater of Plautus: Playing to the Audience. — Austin: Univ. of Texas Press, 1999.

26. Nelson R.J. Play Within the Play: The Dramatist's Conception of His Art, Shakespeare to Anouilh. — New Haven: Yale University Press, 1958.

27. Righter A. Mysteries and Moralities: The Audience as Actor // Righter, Shakespeare and the Idea of the Play. 1962. — Harmondsworth: Penguin, 1967. — P. 15—40.

28. Righer A. The Period of Transition: Classical Comedy and the Hybrid Plays // Righter, Shakespeare and the Idea of the Play. 1962. — Harmondsworth: Penguin, 1967. — P. 41—58. — The Comedy of

the Ancient World. The Impact of Classical Tradition. The Play as Illusion.

29. Righter A. The World and the Stage. In Righter, Shakespeare and the Idea of the Play. 1962. — Harmondsworth: Penguin, 1967. — P. 59—78. — The Play Metaphor. Inheritance and Experiment. The New Attitude towards the Audience.

30. Righter A. Shakespeare and the Idea of the Play. — London: Chatto and Windus, 1962.

31. Ringer M. Electra and the Empty Urn: Metatheater and Role Playing in Sophocles. — Univ. of North Carolina Press, 1998.

32. Sith D.F. Plays about the Theatre in England. — London, 1936.

33. Styan J.L. Shakespeare's Stagecraft. — Cambridge: Cambridge University Press, 1975.

34. Tonelli F. Sophocles' Oedipus and the Tale of the Theater. — Ravenna: Longo Editore, 1983.

35. Voigt J. Das Spiel im Spiel: Versuch einer Formbestimmung an Beispielen aus dem deutschen, englischen und spanischen Drama. Diss. — Göttingen, 1955.

36. Wilds L. Shakespeare's character-dramatists: a study of a character type in Shakespearean tragedy through Hamlet. — Salzburg: Institut für Englische Sprache und Literatur, Universität Salzburg, 1975.

Работы по театру эпохи Шекспира

37. Аникст А.А. Синтез искусств в театре Шекспира // Шекспировские чтения-1985. — М., 1987. — С. 15—40.

38. Бартошевич А.В. Шекспир. Англия. XX век. — М., 1994.

39. Бояджиев Г.Н. Вечно прекрасный театр эпохи Возрождения: Италия, Испания, Англия. — Л., 1973.

40. Варшер С.А. Английский театр эпохи Шекспира. — Пг., 1920.

41. Мюллер В.К. Драма и театр эпохи Шекспира. — Л., 1925.

42. Пинский Л.Е. Реализм эпохи Возрождения. — М., 1961.

43. Смирнов А.А. Шекспир, Ренессанс и барокко. Из истории западноевропейской литературы. — М.; Л., 1965. — С. 181—206.

44. Шайтанов И.О. Литература эпохи Возрождения. — Т. 2. — М., 2001.

45. Bates J., Jackson R. (eds.) Shakespeare: An Illustrated Stage History. — New York: Oxford University Press, 1996.

46. Bradbrook M.C. Elizabethan Stage Conditions: A Study of Their Place in the Interpretation of Shakespeare's Plays. — Hamden, CT: Archon Books, 1962.

47. Bradbrook M.C. The Living Monument: Shakespeare and the Theatre of His Time. — Cambridge; New York: Cambridge University Press, 1976.

48. Chambers E.K. The Elizabethan Stage. Vol. 4. — Oxford: The Clarendon Press, 1923.

49. Craik W.T. The Tudor Interlude: Stage, Costume, and Acting. — Leicester: University Press, 1958.

50. Dessen A. Elizabethan Drama and the Viewer's Eye. — Chapel Hill: University of North Carolina Press, 1977.

51. Dessen A. Elizabethan Stage Conventions and Modern Interpreters. — Cambridge; New York: Cambridge University Press, 1984.

52. Galloway D. (ed.) The Elizabethan Theatre III: Papers Presented at the Third International Conference on Elizabethan Theatre, 1970 / University of Waterloo. — Hamden, CT: Archon Books, 1973.

53. Griffin A.S.V. Pageantry on the Shakespearean Stage. — New York: Twayne, 1951.

54. Gurr A. The Shakespearean Stage, 1574—1642. — Cambridge: University Press, 1970.

55. Hillebrand H.N. The Child Actors: A Chapter in Elizabethan Stage History. — New York: Russell and Russell, 1926.

56. Lawrence W.J. The Elizabethan Playhouse and Other Studies. Vol. 2. — New York: Russell and Russell, 1912—1913 (rptd. 1963).

57. Lawrence W.J. Pre-Restoration Stage Studies. — Cambridge: Harvard University Press, 1927.

58. McGee A. The Elizabethan Hamlet. — New Haven: Yale, 1987.

59. Mills J.A. Hamlet on Stage: The Great Tradition. — Westport, CT: Greenwood Press, 1985.

60. Muir K. The Sources of Shakespeare's Plays. — New Haven: Yale University Press, 1978. — Chapt. 24. — P. 158—169.

Исследования о «Гамлете»

61. Adelman J. Man and Wife Is One Flesh: Hamlet and the Confrontation with the Maternal Body. Suffocating Mothers: Fantasies of Maternal Origin in Shakespeare's Plays, Hamlet to The Tempest. — New York: Routledge, 1992. — P. 11—37.

62. Ahrends G. "Word and Action in Shakespeare's Hamlet." Word and Action in Drama: Studies in Honour of Hans-Jürgen Diller on the Occasion of His 60th Birthday / Ed. G. Ahrends, S. Kohl, J. Kornelius, G. Stratmann. — Germany: Wissenschaftlicher Verlag Trier, 1994. — P. 93—105.

63. Alexander N. Critical Disagreement About Oedipus and Hamlet // Shakespeare Survey. — 1967. — Vol. 20. — P. 33—39.

64. Alexander N. Poison, Play and Duel. A Study in Hamlet. — London, 1971.

65. Alexander P. Hamlet, Father and Son. — Oxford, 1955.

66. Altick R. Hamlet and the Odor of Mortality // Shakespeare Quaterly. — 1954. — Vol. 5. — P. 167—176.

67. Anderson M. Hamlet: The Dialect Between Eye and Ear // Renaissance and Reformation. — 1991. — Vol. 27. — P. 299—313.

68. Andreas J.R. The Vulgar and the Polite: Dialogue in Hamlet // Hamlet Studies. — 1993. — Vol. 15. — P. 9—23.

69. Arnett D.B. What Makes Hamlet Run? Framing Cognition Discursively // Hamlet Studies. — 1994. — Vol. 16. — P. 24—41.

70. Babcock W. Hamlet: A Tragedy of Errors. — Lafayette, Ind. 1961.

71. Barker W.L. 'The Heart of my Mystery': Emblematic Revelation in the Hamlet Play Scene // Upstart Crow. — 1995. — Vol. 15. — P. 75—98.

72. Battenhouse R. The Significance of Hamlet's Advice to the Players // Elmer M. Blistein: The Drama of the Renaissance: Essays for Leicester Bradner. — Providence R.I., 1970. — P. 3—27.

73. Battenhouse R. The Ghost in Hamlet // Studies in Philology. — 1951. — Vol. 48. — P. 161—192.

74. Bell M. Hamlet, Revenge! // Hudson Review. — 1998. — Vol. 51. — P. 310—328.

75. Bevington D. Twentieth Century Interpretations of "Hamlet". A Collection of Critical Essays. — Englewood: Cliffs, 1968.

76. Bloom H. (ed.) Hamlet. Major Literary Characters. — New York: Chelsea House, 1990.

77. Bloom H. William Shakespeare's Hamlet. Modern critical interpretations. — New York: Chelsea House, 1986.

78. Bloom H. Shakespeare. The Invention of the Human. — New York, 1998.

79. Bloom H. Hamlet. Poem Unlimited. — New York, 2003.

80. Boklund G. Judgement in Hamlet // Gerald W. Chapman Essays on Shakespeare. — Princeton, 1965. — P. 116—137.

81. Boas F.S. The Play within the Play A Series of Papers on Shakespeare and the Theatre by the Members of the Shakespeare Association. — London: for the Shakespeare Association by Oxford University Press, 1927.

82. Bolt S. Penguin Critical Studies in English Literature. Hamlet. — London, 1990. — P. 13—15.

83. Goddard H. The meaning of Shakespeare. — Univ. Of Chicago Press, 1960. — Vol. 1. — P. 340—341.

84. Bonjour A. On Artistic Unity in Hamlet // English Studies. — 1939. — Vol. 21. — P. 193—202.

85. Booth S. On the Value of Hamlet. In: Norman Rabkin: Reinterpretations of Elizabethan Drama: Selected papers from the English Institute. — New York, 1969. — P. 137—176.

86. Bowers F.T. Hamlet as Minister and Scourge // PMLA. — 1955. — Vol. 70. — P. 740—749.

87. Bowers F.T. The Death of Hamlet. A Study in Plot and Character // Josephine W. Benett, Oscar Cargill and Vernon Hall: Studies in the English Reaissance Drama. — New York, 1959. — P. 28—42.

88. Bowers F.T. Dramatic Criticism and Structure: Plot in Hamlet // Shakespeare Quaterly. — 1964. — Vol. 15. — P. 207—218.

89. Braddy H. Hamlet's Wounded Name. — El Paso, 1964.

90. Bradley A.C. Shakespearean Tragedy: Hamlet, Othello, King Lear, Macbeth. — New York: Meridian Books, 1955.

91. Brennan A. Shakespeare's Dramatic Structures. — Routledge, 1986.

92. Bristol M.D. 'Funeral bak'd-meats': Carnival and the Carnivalesque in Hamlet // Shakespeare W. Hamlet / ed. S.L. Wofford. Case Studies in Contemporary Criticism. — Boston: St. Martin's, 1994. — P. 48— 67. (Reprinted in Shakespeare's Tragedies, ed. Susan Zimmerman (1998)).

93. Brooks J.R. Hamlet and Ophelia as Lovers: Some Interpretations on Page and Stage // Aligorh Critical Miscellany. — 1991. — Vol. 4.1. — P. 1—25.

94. Brown A. The Play within a Play: An Elizabethan Dramatic Device // English Association Essays and Studies. — 1960. — Vol. 13. — P. 36—48.

95. Brown J.R. Connotations of Hamlet's Final Silence // Connotations. — 1992. — Vol. 2. — P. 275—286.

96. Brown J.R. Multiplicity of Meaning in the Last Moments of Hamlet // Connotations. — 1992. — Vol. 2. — P. 16—33.

97. Bugliani F. 'In the mind to suffer': Hamlet's Soliloquy, 'To be, or not to be' // Hamlet Studies. — 1995. — Vol. 17.1-2. — P. 10—42.

98. Burnett M.T. 'For they are actions that a man might play': Hamlet as Trickster. Hamlet // Theory in Practice / ed. P.J. Smith, N. Wood. — Buckingham: Open University Press, 1996. — P. 24—54.

99. Byles J.M. Tragic Alternatives: Eros and Superego Revenge in Hamlet. New Essays on Hamlet / ed. M.T. Burnett, J. Manning // Hamlet Collection-1. — New York: AMS, 1994. — P. 117—134.

100. Campbell D.G. The Double Dichotomy and Paradox of Honor in Hamlet: With Possible Imagery and Rhetorical Sources for the Soliloquies // Hamlet Studies. — 2001. — Vol. 23. — P. 13—49.

101. Campbell L.B. Shakespeare's Tragic Heroes: Slaves of Passion. — Cambridge, 1930.

102. Cannon Ch. As in a Theater: Hamlet in the Light of Calvin's Doctrine of Predestination // Studies in English Literature 1500—1900. — 1971. — Vol. 11. — P. 203—222.

103. Cefalu P.A. 'Damned Custom. Habits Devil': Shakespeare's Hamlet, Anti-Dualism, and the Early Modern Philosophy of Mind // ELH. — 2000. — Vol. 67. — P. 399—431.

104. Clemen W.H. The Imagery of Hamlet // Shakespeare: Modern Essays in Criticism / ed. L.F. Dean. — New York: Oxford University Press, 1957. — P. 222—236.

105. Clary F.N. 'The Very Cunning of the Scene': Hamlet's Divination and the King's Occulted Guilt // Hamlet Studies. — 1996. — Vol. 18.1-2. — P. 7—28.

106. Coleridge S.T. Coleridge on Shakespeare / ed. T. Hawkes. — Harmondsworth, 1969.

107. Coyle M. Hamlet, Gertrude and the Ghost: The Punishment of Women in Renaissance Drama // Q/W/E/R/T/Y. — 1996. — Vol. 6. — P. 29—38.

108. Charney M. Hamlet without Words // ELH. — 1965. — Vol. 32. — P. 457—477.

109. Conklin P.S. A History of Hamlet Criticism 1601—1821. — New York, 1857.

110. Coz L. Sheridan. Figurative Design in Hamlet: The Significance of the Dumb Show. — Columbus: Ohio, 1973.

111. Craig H. Hamlet as a Man of Action // Huntington Library Quaterly. — 1964. — Vol. 27. — P. 229—237.

112. Davis A. Hamlet and the Eternal Problem of Man. — New York, 1964.

113. De Grazia M. Hamlet Before It's Time // Modern Language Quarterly. — 2001. — Vol. 62.4. — P. 355—375.

114. De Grazia M. Weeping for Hecuba. Historicism, Psychoanalysis, and Early Modern Culture // Culture Work / ed. C. Mazzio, D. Trevor. — New York: Routledge, 2000. — P. 350—375.

115. DeLuca D.M. The Movements of the Ghost in "Hamlet" // Shakespeare Quaterly. — 1973. — Vol. 24. — P. 147—154.

116. Dessen A.C. Hamlet's Poisoned Sword: A Study in Dramatic Imagery // Shakespeare Studies. — 1969. — Vol. 5. — P. 53—69.

117. Dews C.L. Barney. Gender Tragedies: East Texas Cockfighting and Hamlet // Journal of Men's Studies. — 1994. — Vol. 2. — P. 253—267.

118. Dickson L. The Hermeneutics of Error: Reading and the First Witness in Hamlet // Hamlet Studies. — 1997. — Vol. 19.1-2. — P. 64—77.

119. DiMatteo A. Hamlet as Fable: Reconstructing a Lost Code of Meaning // Connotations. — 1996/1997. — Vol. 6.2. — P. 158—179.

120. Duffy K.T., Frankel M.E., Gillers S., Greene N.L., Kornstein D.J., Roberts J.A. The Elsinore Appeal: People v. Hamlet. — New York: St. Martin's P., 1996.

121. Doran M. Endeavours of Art: A Study of Form in Elizabethan Drama. — Univ. of Wisconsin Press, 1954.

122. Draper J.W. The Hamlet of Shakespeare's Audience. — Octagon Books, 1970.

123. Edelman Ch. 'The very cunning of the scene': Claudius and the Mousetrap // Parergon. — 1994. — Vol. 12. — P. 15—25.

124. Eliot T.S. Hamlet and his Problems. In: The Sacred Wood: Essays an Poetry and Criticism. — London, 1920. — P. 95—103.

125. Elliott G.R. Scourge and Minister: A Study of "Hamlet" as Tragedy of Revengefullness and Justice. — Durham, N.C. 1951.

126. Engle L. Discourse, Agency, and Therapy in Hamlet // Exemplaria. — 1992. — Vol. 4. — P. 441—453.

127. Faber M.D. Hamlet and the Inner World of Objects. The Undiscovered Country: New Essays on Psychoanalysis and Shakespeare / ed. B.J. Sokol. — London: Free Assn., 1993. — P. 57—90.

128. Fendt G. Is Hamlet a Religious Drama? An Essay on a Question in Kierkegaard // Marquette Studies in Philosophy. — Milwaukee: Marquette University Press, 1999. — Vol. 21. — P. 27—41.

129. Fike M.A. Gertrude's Mermaid Allusion. On Page and Stage: Shakespeare in Polish and World Culture // ed. K. Kujawinska Courtney. — Kraków: Towarzystwo Autorów, 2000. — P. 259— 275 (Originally printed in the-hard-to-find British and American Studies. — 1999. — Vol. 2. — P. 15—25).

130. Findlay A. Hamlet: A Document in Madness. New Essays on Hamlet / ed. M.T. Burnett, J. Manning // Hamlet Collection-1. — New York: AMS, 1994. — P. 189—205.

131. Finkelstein R. Differentiating Hamlet: Ophelia and the Problems of Subjectivity // Renaissance and Reformation. — 1997. — Vol. 21.2. — P. 5—22.

132. Fischer Ph. Thinking About Killing: Hamlet and the Paths Among the Passions // Raritan. — 1991. — Vol. 11. — P. 43—77.

133. Foakes R.A. The Reception of Hamlet // Shakespeare Survey. — 1993. — Vol. 45. — P. 1—13.

134. Fergusson F. The Idea of a Theater: A Study of Ten Plays. — Princeton, 1949.

135. Fisch H. Hamlet and the Word: The Covenant Pattern in Shakespeare. — New York, 1971.

136. Flatter R. Hamlet's Father. — London, 1949.

137. Forker Ch. Shakespeare's Theatrical Symbolism and Its Function in "Hamlet" // Shakespeare Quaterly. — 1963. — Vol. 14. — P. 215— 229.

138. Frye R. The Renaissance Hamlet. — Princeton University Press, 1984.

139. Gardner H. The Historical Approach: Hamlet. In Shakespeare, the Tragedies: A Collection of Critical Essays // Englewood Cliffs / ed. A. Harbage. — N.J.: Prentice-Hall, 1964. — P. 61—70.

140. Gibinska M. 'The play's the thing': The Play Scene in Hamlet. Shakespeare and His Contemporaries: Eastern and Central European Studies. — Newark: Univ. of Delaware Press, 1993. — P. 175—188.

141. Gorfain Ph. Towards a Theory of Play and the Carnavalesque in Hamlet // Hamlet Studies. — 1991. — Vol. 13. — P. 25—49 (Reprinted in Donald Keesey's Contexts for Criticism (1994) and in Ronald Knowles' Shakespeare and Carnival: After Bakhtin (1998)).

142. Goldman M. Hamlet: Entering the Text // Theatre Journal. — 1992. — Vol. 44. — P. 449—460.

143. Gottschalk P. The Meanings of "Hamlet": Modes of Literary Interpretations Since Bradley. — Albuquerque, 1971.

144. Grant W. Hamlet. The Archetypal Structure. — Univ. of Louisville, 2001.

145. Granville-Barker H. Place Structure and Time Structure. From Prefaces to Shakespeare, Hamlet. — Princeton University Press, 1965.

146. Dodsworth M. Hamlet Closely Observed. — Athlone, 1985.

147. Granville-Barker H. Prefaces to Shakespeare. 3d Series: "Hamlet". — London, 1936.

148. Greenblatt S. Hamlet in Purgatory. — Princeton; N.J.: Princeton University Press, 2001.

149. Habib I. Never Doubt I Love: Misreading Hamlet // College Literature. — 1994. — Vol. 21.2. — P. 19—32.

150. Halverson J. The Importance of Horatio // Hamlet Studies. — 1994. — Vol. 16. — P. 57—70.

151. Hardy J. Hamlet's 'Modesty of nature // Hamlet Studies. — 1994. — Vol. 16. — P. 42—56.

152. Hart J. "Hamlet's Great Song." Smiling Through the Cultural Catastrophe: Toward the Revival of Higher Education. By Hart. — New Haven: Yale University Press, 2001. — P. 169—186.

153. Hassel R., Chris Jr. 'How infinite in faculties': Hamlet's Confusion of God and Man // Literature and Theology. — 1994. — Vol. 8. — P. 127—139.

154. Hassel R., Chris Jr. Mouse and Mousetrap in Hamlet // Shakespeare-Jahrbuch. — 1999. — Vol. 135. — P. 77—92.

155. Hassel R., Chris Jr. Painted Women: Annunciation Motifs in Hamlet // Comparative Drama. — 1998. — Vol. 32. — P. 47—84.

156. Holbrook P. Nietzsche's Hamlet // Shakespeare Survey. — 1997. — Vol. 50. — P. 171—186.

157. Hopkins L. Parison and the Impossible Comparison. New Essays on Hamlet / ed. M.T. Burnett, J. Manning // Hamlet Collection-1. — New York: AMS, 1994. — P. 153—164.

158. Hunt M. Art of Judgement, Art of Compassion: The Two Arts of Hamlet // Essays in Literature. — 1991. — Vol. 18. — P. 3—20.

159. Hamill P. Death's Lively Image: The Emblematic Significance of the Closet Scene in "Hamlet" // Texas Studies in Litarature and Language. — 1974. — Vol. 16. — P. 249—262.

160. Hapgood R. Hamlet Nearly Absurd: The Dramaturgy of Delay // Tulane Drama Review. — 1965. — Vol. 9:4. — P. 132—145.

161. Hardison O.B. The Dramatic Triad in "Hamlet" // Studies in Philology. — 1960. — Vol. 57. — P. 144—164.

162. Havely C. The Play-Scene in "Hamlet" // Essays in Criticism. — 1973. — Vol. 23. — P. 217—235.

163. Johnston A. The Player's Speech in "Hamlet" // Shakespeare Quarterly. — 1961. — Vol. 13. — P. 21—30.

164. Iwasaki S. Hamlet and Melancholy: An Iconographical Approach. Hamlet and Japan / ed. Y. Uéno // Hamlet Collection-2. — New York: AMS, 1995. — P. 37—55.

165. Jenkins H. The Relation Between the Second Quarto and the Folio Text of Hamlet // Studies in Bibliography. — 1995. — Vol. 7. — P. 69—83.

166. Johnston I. Introductory Lectures on Shakespeare's "Hamlet". — Malaspina-University College edition, 2001.

167. Jones E. Hamlet and Oedipus Ernest Jones. — London: Norton, 1976.

168. Joseph B.L. Conscience and The King: A Study of "Hamlet". — London, 1953.

169. Jump J.D. Shakespeare's "Hamlet". A Casebook. — London, 1968.

170. Kállay G. 'To be or not to be' and 'Cogito, ergo sum': Thinking and Being in Shakespeare's Hamlet Against a Cartesian Background // AnaChronist. — 1996. — Vol. 6. — P. 98—123.

171. Kawai Sh. Hamlet's Imagination. Hamlet and Japan / ed. Y. Uéno // Hamlet Collection-2. — New York: AMS, 1995. — P. 73—85.

172. Kernan A. Shakespeare's Stage Audiences and the Playwright's Reflections and Control of Audience Response. — George Washington Univ., 1982.

173. Kernan A. Shakespeare's Craft: Eight Lectures / ed. P.H. Highfill. — Jr. Carbondale: Southern Illinois University Press for George Washington University, 1982.

174. Kim J.-H. Waiting for Justice: Shakespeare's Hamlet and the Elizabethan Ethics of Revenge English // Language and Literature. — 1997. — Vol. 43. — P. 781—797.

175. Kitto H.D.F. Form and Meaning in Drama: A Study of the Greek Plays and of Hamlet. — Methuen & Co Ltd, 1956.

176. Knowles R. Hamlet and Counter-Humanism // Renaissance Quarterly. — 1999. — Vol. 6 (52). — P. 1046—1069.

177. Kirschbaum L. Hamlet and Ophelia // Philological Quarterly. — 1956. — Vol. 35. — P. 375—393.

178. Knight G.W. The Wheel of Fire: Interpretations of Shakespearean Tragedy, with Three New Essays. — London: Methuen, 1968.

179. Knights L.C. An Approach to "Hamlet". — London, 1960.

180. Kott J. Hamlet of the Mid-Century // Shakespeare Our Contemporary / trans. B. Taborski. — Garden City; New York: Doubleday, 1964. — P. 47—151.

181. Kottman P.A. Sharing Vision, Interrupting Speech: Hamlet's Spectacular Community // Shakespeare Studies. — 1998. — Vol. 36. — P. 29—57.

182. Landau A. 'Let me not burst in ignorance': Skepticism and Anxiety in Hamlet // English Studies. — 2001. — Vol. 82.3. — P. 218—230.

183. Lawrence S.K. 'As a stranger, bid it welcome': Alterity and Ethics in Hamlet and the New Historicism // European Journal of English. — 2000. — Vol. 4.2. — P. 155—169.

184. Lavender A. Hamlet in Pieces: Shakespeare Reworked: Peter Brook, Robert LePage, Robert Wilson. — New York: Continuum, 2001.

185. Lewis C.S. Death in Hamlet. In Shakespeare, the Tragedies: A Collection of Critical Essays. Alfred Harbage, ed. Englewood Cliffs. — N.J.: Prentice-Hall, 1964. — P. 71—74.

186. Lidz T. Hamlet's Enemy: Madness and Myth in Hamlet. — New York: Basic Books, 1975.

187. Leavenworth R. Interpretning "Hamlet": Materials for Analysis. — San Francisco, 1960.

188. Levin H. The Antic Disposition // Shakespeare-Jahrbuch. — 1958. — Vol. 94. — P. 175—190.

189. Levin H. The Question of "Hamlet". — New York, 1959.

190. Levin H. An Explications of the Player's Speech. — London, 2003.

191. Levin R. The Multiple Plot in English and Renaissance Drama. — Chicago: Univ. of Chicago Press, 1971.

192. Lewis C.S. Hamlet: The Prince or the Poem? // Proceedings of the British Academy. — 1942. — Vol. 28. — P. 139—154.

193. Levy E.P. Defeated Joy: Melancholy and Eudaemonia in Hamlet // Upstart Crow. — 1998. — Vol. 18. — P. 95—109.

194. Levy E.P. 'Nor th' exterior nor the inward man': The Problematics of Personal Identity in Hamlet // University of Toronto Quarterly. — 1999. — Vol. 68.3. — P. 711—727.

195. Levy E. The Problematic Relation between Reason and Emotion in Hamlet // Renascence. — 2001. — Vol. 53.2. — P. 83—95.

196. Levy E.P. 'Things standing thus unknown': The Epistemology of Ignorance in Hamlet // Studies in Philology. — 2000. — Vol. 97. — P. 192—209.

197. Lewis C.S. Hamlet the Prince or the Poem? // Proceedings of the British Academy. — 1942. — Vol. XXXVIII.

198. Long M. The Unnnatural Scene. A Study in Shakespearian Tragedy. — London, 1976. — P. 156—157.

199. Low A. Hamlet and the Ghost of Purgatory: Intimations of Killing the Father // English Literary Renaissance. — 1999. — Vol. 29.3. — P. 443—467.

200. Low J. Manhood and the Duel: Enacting Masculinity in Hamlet // Centennial Review. — 1999. — Vol. 43.3. — P. 1—12.

201. Lucking D. 'Each word made true and good': Narrativity in Hamlet // Dalhouse Review. — 1996. — Vol. 76. — P. 77—96.

202. Mack M. The World of Hamlet // Yale Review. — 1952. — Vol. 41. — P. 502—523.

203. Mack M. Killing the King: Three Studies in Shakespeare's Tragic Structure. — New Haven, 1973.

204. Mallette R. From Gyves to Graces: Hamlet and Free Will // Journal of English and German Philology. — 1994. — Vol. 93. — P. 336—355.

205. Malone C.N. Framing in Hamlet // College Literature. — 1991. — Vol. 18.1. — P. 50—63.

206. Malone K. The Literary History of Hamlet: The Early Tradition. — New York: Haskell House, 1964.

207. McGuire P.C. Bearing "A Wary eye": Ludic Vengeance and Doubtful Suicide in Hamlet From Page to Performance: Essays in Early English Drama / ed. J. Alford, E. Lansing. — Michigan: Michigan State University Press, 1995. — P. 235—253.

208. Motohashi T. The play's the ting... of nothing: Writing and "the liberty" in Hamlet. Hamlet and Japan / ed. Y. Uéno // Hamlet Collection-2. — New York: AMS, 1995. — P. 103—118.

209. McConnell H. Hamlet and Revenge. An essay. — London, 2001.

210. Mehl D. Die Pantomime im Drama der Shakespearezeit: Ein Beitrag zur Gegenwart der Dumb Show. — Heidelberg, 1964.

211. Mercer P. Hamlet: The Acting of Revenge. — Univ. of Iowa Press 1987.

212. Miller R. Venus, Adonis and the Horses // ELH. — 1952. — Vol. XIX.

213. Milne J. Hamlet: The Conflict between Fate and Grace // Hamlet Studies. — 1996. — Vol. 18.1-2. — P. 29—48.

214. Mollin A. On Hamlet's Mousetrap // Interpretation. — 1994. — Vol. 21.3. — P. 353—372.

215. Morin G. Depression and Narrative Thinking: A Cognitive Approach to Hamlet // Mosaic. — 1992. — Vol. 25.1.

216. Moulton R.G. Shakespeare as a Dramatic Artist. 3d ed. — Oxford, 2010. — P. 43—89.

217. Muir K., Stanley W. Aspects of Hamlet: Articles Reprinted from Shakespeare Survey. — Cambridge; New York: Cambridge University Press, 1979.

218. Muir K. Shakespeare: Hamlet. — New York: Barron's Educational Series, 1963.

219. Muir K. Shakespeare the Professional and Releated Studies. — London, 1972.

220. Muir K. The Sources of Shakespeare's Plays. — New Haven: Yale University Press, 1978. — Chapt. 24. — P. 158—169.

221. Nameri D.E. The Dramatic Value of Hamlet's Verbal Expressions: A Linguistic-Literary Analysis // The Nineteenth LACUS Forum 1992. — Lake Bluff: Linguistic Assoc., 1993. — P. 409—421.

222. Newell A. The Dramatic Context and the Meaning of Hamlet's To be or not to be Solilique // PLMA. — 1965. — Vol. 80. — P. 38—50.

223. Nojima H. The Mirror of Hamlet. Hamlet and Japan / ed. Yoshiko Uéno // Hamlet Collection-2. — New York: AMS, 1995. — P. 21—35.

224. Nyberg L. Hamlet, Student, Stoic-Stooge? Cultural Exchange Between European Nations During the Renaissance: Proceedings of the Symposium Arranged in Uppsala by the Forum for Renaissance Studies of the English Department of Uppsala University, 5—7 June 1993 / ed. G. Sorelius, M. Srigley // Acta Universitatis Upsaliensis, Studia Anglistica Upsaliensia. — Uppsala: Uppsala Univ., 1994. — Vol. 86. — P. 123—132.

225. Olson E. Mighty Opposites: Remarks on the Plot of "Hamlet" // Oscar G. Brockett: Studies in Theatre and Drama: Essays in Honor of Huberts Heffner. — The Hague, 1972. — P. 48—63.

226. Ozawa H. 'I must be cruel only to be kind': Apocalyptic Repercussions in Hamlet. Hamlet and Japan / ed. Yoshiko Uéno // Hamlet Collection-2. — New York: AMS, 1995. — P. 73—85.

227. Paris J. Hamlet ou Les Personnages du fils. — Paris, 1953.

228. Paris J. Les trois mysteres de Hamlet // Esprit. — 1953. — Vol. 21. — P. 214—228.

229. Phialas P. Hamlet and the Grave-Maker // Journal of English and Germanic Philology. — 1964. — Vol. 63. — P. 226—234.

230. Partee M.H. Hamlet and the Persistence of Comedy // Hamlet Studies. — 1992. — Vol. 14. — P. 9—18.

231. Porterfield S.F. Oh Dad, Poor Dad: The Universal Disappointment of Imperfect Parents in Hamlet. Jung's Advice to the Players: A Jungian Reading of Shakespeare's Problem Plays // Drama and Theatre Studies. — Westport: Greenwood Press, 1994. — Vol. 57. — P. 2—98.

232. Pollin B. Hamlet and Successful Suicide // Shakespeare Studies. — 1965. — Vol. 1. — P. 240—260.

233. Proser M. Hamlet and the Name of Action // Gordon Ross Smith. Essays on Shakespeare. — University Park. Pasadena, 1965. — P. 84—114.

234. Prosser E. Hamlet and Revenge. — Stanford, 1971.

235. Reid B. The Last Act and the Action of "Hamlet" // Yale Review. — 1964. — Vol. 54. — P. 59—80.

236. Replogle C. Not Parody, Not Burlesque. The Play Within the Play in "Hamlet" // Modern Philology. — 1969. — Vol. 67. — P. 150—159.

237. Reschke M. Historicizing Homophobia: Hamlet and the Anti-theatrical Tracts // Hamlet Studies. — 1997. — Vol. 19. — P. 47—63.

238. Ribner I. Patterns in Shakespearian Tragedy. — London, 1960.

239. Richter H. Shakespeare der Mensch. — Leipzig, 1923. — P. 80—81.

240. Righter A. "Hamlet" and the Idea of the Play. — London, 1962.

241. Robertson J.M. The problem of Hamlet. — London, 1919.

242. Rose J. Sexuality in the Reading of Shakespeare: Hamlet and Measure for Measure // Alternative Shakepseares / ed. J. Drakakis. — London; New York: Methuen, 1985.

243. Rose M. Dialectical Structure of "Hamlet". (The Norton Shakespeare. Hamlet workshop). — London, 1973.

244. Rosenberg M. The Masks of Hamlet. — Newark: University of Delaware Press, 1992.

245. Roth S. Hamlet. The Undiscovered Country. — New York, 2001.

246. Russell J. Hamlet and Narcissus. — Newark: University of Delaware Press, 1995. — P. 17—28.

247. Sadowski P. The 'Dog's day' in Hamlet: A Forgotten Aspect of the Revenge Theme. Shakespeare and His Contemporaries: Eastern and Central European Studies / ed. J. Liman, J.L. Halio. — Newark: University of Delaware Press, 1993. — P. 159—168.

248. Sanford W.C. Theater as Metaphor in "Hamlet". — Cambridge Mass., 1967.

249. Schmitt C. Hamlet oder Hekuba. Der Einbruch der Zeit in das Spiel. — Dusseldorf, 1956. — P. 67—71.

250. Schucking L.L. Character problems in Shakespeare's Plays. — London, 1922.

251. Scofield M. The Ghosts of "Hamlet": The Play and Modern Writers. — Cambridge, 1980.

252. Scott W.O. The Liar Paradox as Self-Mockery: Hamlet's Postmodern Cogito // Mosaic. — 1991. — Vol. 24.1. — P. 13—30.

253. Shimizu T. Hamlet's 'Method in madness' in Search of Private and Public Justice. Hamlet and Japan / ed. Yoshiko Uéno // Hamlet Collection-2. — New York: AMS, 1995. — P. 57—72.

254. Simon B. Hamlet and the Trauma Doctors: An Essay at Interpretation // American Imago. — 2001. — Vol. 58.3. — P. 707—722.

255. Spurgeon C. Shakespeare's Imagery and What It Tells Us. — Cambridge, 1935.

256. Taylor M. The Conflict in "Hamlet" // Shakespeare Quarterly. — 1971. — Vol. 22. — P. 147—161.

257. Tekinay A. From Shakespeare to Kierkegaard: An Existantial Reality of Hamlet. — Bagazici University Press, 2001.

258. Stanton K. Hamlet's Whores. New Essays on Hamlet / ed. M.T. Burnett, J. Manning // Hamlet Collection-1. — New York: AMS, 1994. — P. 167—188.

259. Takahashi Y. Speech, Deceit, and Catharsis: A Reading of Hamlet. Hamlet and Japan / ed. Yoshiko Uéno // Hamlet Collection-2. — New York: AMS, 1995. — P. 3—19.

260. Taylor J.O. The Influence of Rapier Fencing on Hamlet // Forum for Modern Language Studies. — 1993. — Vol. 29.3. — P. 203—215.

261. Terry R.A. 'Vows to the blackest death': Hamlet and the Evolving Code of Honor in Early Modern England // Renaissance Quarterly. — 1999. — Vol. 52. — P. 1070—1086.

262. Thatcher D. Sullied Flesh, Sullied Mind: Refiguring Hamlet's 'Imaginations' // Studia Neophilologica. — 1996. — Vol. 68. — P. 29—38.

263. Tiffany G. Anti-Theatricalism and Revolutionary Desire in Hamlet (Or, the Play Without the Play) // Upstart Crow. — 1995. — Vol. 15. — P. 61—74.

264. Tillyard E.M.W. Shakespeare's Problem Plays. — Univ. Toronto, 1949.

265. Whitaker V. The Mirror Up to Nature. The Technique of Shakespeare's Tragedies. — San Marino, 1965.

266. Voss P.J. To Prey or Not To Prey: Prayer and Punning in Hamlet // Hamlet Studies. — 2001. — Vol. 23. — P. 59—74.

267. Wagner J.B. Hamlet Rewriting Hamlet // Hamlet Studies. — 2001. — Vol. 23. — P. 75—92.

268. Walker R. Hamlet: The Opening Scene. In Shakespeare: Modern Essays in Criticism / ed. L.F. Dean. — New York: Oxford University Press, 1957 (rptd. 1968). — P. 216—221.

269. Welsh A. Hamlet in Modern Guises. — Princeton: Princeton University Press, 2001.

270. Werstine Paul. The Textual Mystery of Hamlet // Shakespeare Quarterly. — 1988. — Vol. 39.

271. Watterson W.C. Hamlet's Lost Father // Hamlet Studies. — 1994. — Vol. 16. — P. 10—23.

272. Wiggins M. Hamlet Within the Prince. New Essays on Hamlet / ed. M.T. Burnett, J. Manning // Hamlet Collection-1. — New York: AMS, 1994. — P. 209—226.

273. Williamson C.C. Readings on the Character of Hamlet 1661—1947. — London, 1950.

274. Wilson J.D. What Happens in "Hamlet". — Cambridge, 1935.

275. Wilson L. Hamlet, Hales V. Petit, and the Hysteresis of Action // ELH. — 1993. — Vol. 60.1. — P. 17—55.

276. Wright E.P. Hamlet: From Physics to Metaphysics // Hamlet Studies. — 1992. — Vol. 4. — P. 19—31.

277. Yoshioka, Fumio. Silence, Speech, and Spectacle in Hamlet // Shakespeare Studies. — 1996. — Vol. 31.

278. Zimmermann H.O. Is Hamlet Germany? On the Political Reception of Hamlet. New Essays on Hamlet / ed. M.T. Burnett, J. Manning // Hamlet Collection-1. — New York: AMS, 1994. — P. 293—318.

279. Zitner S.P. Hamlet, Duellist // University of Toronto Quarterly. — 1969. — Vol. 39.

Избранные работы о Шекспире на русском языке

280. Аксенов И.А. Шекспир. Статьи. — Ч. 1. — М., 1937.

281. Аникст А.А. Шекспир. Ремесло драматурга. — М., 1974.

282. Аникст А.А. Трагедия Шекспира «Гамлет». — М., 1986.

283. Барг М.А. Шекспир и история. — М., 1979.

284. Выготский Л.С. Трагедия о Гамлете, принце Датском // Психология искусства. — М., 1986.

285. Козинцев Г.М. Наш современник Уильям Шекспир. — М., 1966.

286. Морозов М.М. Избранные статьи и переводы. — М., 1954.

287. Морозов М.М. Театр Шекспира. — М., 1984.

288. Мюллер В.К. Драма и театр эпохи Шекспира. — Л.: Academia, 1925.

289. Самарин Р.М. Реализм Шекспира. — М., 1964.

290. Пинский Л.Е. Шекспир. Основные начала драматургии. — М., 1971.

291. Шайтанов И.О. Уильям Шекспир // История зарубежной литературы. Эпоха Возрождения. Т. 2. — М.: Владос, 2001. — С. 179—223.

292. Шайтанов И.О. Западноевропейская классика: от Шекспира до Гете. — М.: Изд-во МГУ, 2001.

293. Шведов Ю.Ф. Эволюция шекспировской трагедии. — М., 1975.

294. Шведов Ю.Ф. Уильям Шекспир. Исследования. — М., 1977.

Работы по теории метафоры

295. Berger P., Luckmann T. The Social Construction of Reality. — New York: Doubleday, 1966.

296. Benzon W.L., Hays D.G. Metaphor // American Journal of Semiotics. — 1987. — Vol. 59—79. — P. 31—47.

297. Black M. Metaphor // Philosophy Looks at the Arts / ed. J. Margolis. — New York: Charles Scribner's Sons, 1960.

298. Bolinger D. Metaphorical Aggression: Bluenoses and Coffin Nails // Georgetown University Round Table on Languages and Linguistics eds. J.E. Alatis, G.E. Tucker. — Washington: D.C.; Georgetown University Press, 1987.

299. Brugman C. What is the Invariance Hypothesis? // Cognitive Linguistics. — 1990. — Vol. 1. No. 2. — P. 257—266.

300. Chernus I. Imagining the 'Unimaginable' // Bulletin of Peace Proposals. — 1985. — No. 1. — P. 79—85.

301. Chilton P. Metaphor, Euphemism and the Militarization of Language // Current Research on Peace and Violence. — 1987. — Vol. 10. No. 1. — P. 7—17.

302. Cox G. The Ways of Peace. — Mahwah; N.J.: Paulist Press, 1986.

303. Gentner D. Are Scientific Analogies Metaphors? // Metaphor: Problems and Perspectives / ed. D.S. Miall. — Sussex, England: The Harvester Press, 1982. — P. 106—132.

304. Gentner D., Stevens A.L. (eds.) Mental Models. — Hillsdale, N.J.: Lawrence Earlbaum Associates, 1999.

305. Gumpel L. Metaphor Re-Examined. Bloomington. — Indiana University Press, 1984.

306. Hausman C.R. Metaphor and Art: Interactionism and Refence in the Verbal and Nonverbal Arts. — Cambridge, England: Cambridge University Press, 1989.

307. Hibbitts B.J. Making Sense of Metaphors: Visuality, Aurality, and the Reconfiguration of American Legal Discourse. — Vol. 16. — Cardozo Law Review, 1994. — P. 229—356.

308. Howe N. Metaphor in Contemporary American Political Discourse // Metaphor and Symbolic Activity. — 1987. — Vol. 3. — P. 87—104.

309. Johnson M. The Body in the Mind: The Bodily Basis of Meaning, Imagination and Reason. — Chicago: University of Chicago Press, 1987.

310. Johnson M. Philosophical Implications of Cognitive Semantics // Cognitive Linguistics. — 1992. — Vol. 3. No. 4. — P. 345—366.

311. Johnson-Laird P.N. Mental Models: Towards a Cognitive Science of Language, Inference and Consciousness. — Cambridge, MA: Harvard University Press, 1983.

312. Kelling G.W. Language: Mirror, Tool, and Weapon. — Chicago: Nelson-Hall, 1989.

313. Kovecses Z. Emotion Concepts. — New York: Springer-Verlag, 1989.

314. Lakoff G., Johnson M. Metaphors We Live By. — Chicago: University of Chicago Press, 1980.

315. Lakoff G., Johnson M. The Metaphorical Logic of Rape // Metaphor and Symbolic Activity. — 1987. — Vol. 2. — P. 73—79.

316. Lakoff G., Turner M. More than Cool Reason: A field guide to poetic metaphor. — Chicago: University of Chicago Press, 1989.

317. Lakoff G. The Invariance Hypothesis: Is abstract reason based on image-schemas? // Cognitive Linguistics. — 1990. — Vol. 1. No. 1. — P. 39—74.

318. Lakoff G. The Contemporary Theory of Metaphor // Metaphor and Thought / ed. A. Ortony. — 2nd. ed. — Cambridge University Press, 1991.

319. Lehrer A. Polysemy, conventionality, and the structure of the lexicon // Cognitive Linguistics. — 1990. — Vol. 1. No. 2. — P. 207—246.

320. Levin S.R. Metaphoric Worlds: Conceptions of a Romantic Nature. — New Haven, CT: Yale University Press, 1988.

321. MacCormac E.R. A Cognitive Theory of Metaphor. — Cambridge, MA: M.I.T. Press, 1985.

322. Miall D.S. (ed.) Metaphor: Problems and Perspectives. — Sussex, England: The Harvester Press, 1982.

323. Ortony A. Metaphor and Thought, Second Edition. — New York: Cambridge University Press, 1991.

324. Powell M.J. Figurative Extension in English Verbal Idioms of Visual Perception // Lacus Forum. — 1995. — Vol. 21. — P. 304—312.

325. Sweetser E. From Etymology to Pragmatics: Metaphorical and Cultural Aspects of Semantic Structure. — New York: Cambridge University Press, 1990.

326. Turner M. Aspects of the Invariance Hypothesis // Cognitive Linguistics. — 1990. — Vol. 1. No. 2. — P. 247—255.

327. Turner M. Reading Minds: the Study of English in the Age of Cognitive Science. — Princeton, N.J.: Princeton University Press, 1991.

328. Whorf B.L. Language, Thought and Reality: Selected Writings. — Cambridge, MA: M.I.T. Press, 1956.

329. Winter S. Death Is the Mother of Metaphor // Harv. L. Rev. — 1992. — P. 105—745.

330. Winter S. The Constitution of Conscience // Texas L. Rev. — 1805 (1994).

331. Wolf H.-G. A Folk Model of the Internal Self in Light of the Contemporary View of Metaphor — The Self as Subject and Object. — Frankfurt am Main: P. Lang, 1994.

Исследования по поэтике

332. Аверинцев С.С. Поэтика ранневизантийской литературы. — М., 1977.

333. Аристотель. Поэтика. // Аристотель и античная литература. — М., 1978.

334. Барт Р. Избранные работы. Семиотика. Поэтика. — М., 1994.

335. Бахтин М.М. Творчество Франсуа Рабле. — М., 1965.

336. Бахтин М.М. Проблемы поэтики Достоевского. — М., 1978.

337. Бахтин М.М. Эстетика словесного творчества. — М., 1979.

338. Бахтин М.М. Литературно-критические статьи. — М., 1986.

339. Веселовский А.Н. Мерлин и Соломон. — М.; СПб., 2001.

340. Выготский Л.С. Психология искусства. — М., 1986.

341. Жирмунский В.М. Задачи поэтики // Теория литературы. Поэтика. Стилистика. — Л., 1977.

342. Жолковский А.К., Щеглов Ю.К. Основные понятия модели «Тема-ПВ-текст». Работы по поэтике выразительности. — М., 1996.

343. Иванов Вяч.Вс. Избранные труды по семиотике и истории культуры. — М., 1999.

344. Кристева Ю. Избранные труды: Разрушение поэтики. — М., 2004.

345. Лотман Ю.М. Анализ поэтического текста. — Л., 1971.

346. Лотман Ю.М. Об искусстве. Структура худ. текста. — СПб., 1998.

347. Михальская Н.П., Луков В.В. История всемирной литературы. Т. 1—3 // Филологические науки. — 1986. — № 4. — С. 84—88.

348. Потебня А.А. Эстетика и поэтика. — М., 1976.

349. Пропп В.Я. Фольклор и действительность. — М., 1972.

350. Пропп В.Я. Морфология волшебной сказки. — М., 2001.

351. Топоров В.Н. Миф. Ритуал. Символ. Образ. — М., 1995.

352. Томашевский Б.В. Теория литературы. Поэтика. — М., 2002.

353. Тынянов Ю.Н. Поэтика. История литературы. Кино. — М., 1977.

354. Флоренский П.А. Анализ пространственности и времени в художественно-изобразительных произведениях. — М., 1993.

355. Фрейденберг О.М. Миф и литература древности. — М., 1978.

356. Фрейденберг О.М. Поэтика сюжета и жанра. — М., 1997.

357. Хализев В.Е. Теория литературы. — М., 2002.

358. Черноземова Е.Н., Луков В.А. История зарубежной литературы средних веков и эпохи Возрождения. — М.: ФЛИНТА: Наука, 2004.

359. Черноземова Е.Н., Штейн А.Л. Трагедии и комедии. Этюды по истории английской драмы. — М.: Прометей, 2004.

Научно-популярное издание
Владимир Пимонов

Homo scribens, или Гамлет-драматург. Книга о театре Шекспира

В книге использован русский перевод «Гамлета»,
выполненный М. Лозинским, английский текст цитируется по изданию
The Oxford Shakespeare. The Complete Works of William Shakespeare
(ed. by W.J. Craig. London: Oxford University Press, 1914),
а также: "Hamlet. The Arden Shakespeare"
(ed. by Harold Jenkins. Methuen & Co. Ltd., 1982)

**Автор считает своим приятным долгом поблагодарить
Светлану Грачеву и Daniel F. Whitman за обсуждение,
советы и поддержку.**

При оформлении книги использованы:
Шрифт Aphrosine Regular/MyFonts.com
Фото Shutterstock/delcarmat

**ISIA Media Verlag
Leipzig
2024**